眠りながら巨富を得る

Joseph Murphy

新装第二版

マーフィーの成功法則実践編

著 ジョセフ・マーフィー
訳 大島 淳一

産業能率大学出版部

訳者序文

ちょうど五年前、私はマーフィー博士の『眠りながら成功する』（産業能率短大出版部刊）を日本の読者に紹介しました。この本は出版された当時、新聞や週刊誌が好意的に取り上げてくれたこともあって、ちょっとしたベストセラーになりました。私はマーフィー博士の考え方を実践する人が一人でも増えることは、それだけ精神的・物質的に恵まれた人を作り出すことになるし、そういう人が多くなることは、日本のためにもささやかな貢献になるし、ひいては世界のためにもなることであると信じていたので、非常に嬉しく思いました。ただ、やさしく実例をもって説かれてはいるものの、マーフィー博士の説は、深い哲理を含んでいるので、訳書につけた解説よりも、もっと詳しい説明が欲しいという要求が多数寄せられました。私は渡米直前のことでいろいろと多忙であったのですが、とりあえず、潜在意識の作用の概要を理解していただくため、『あなたはこうして成功する』（産業能率短大出版部刊）という小冊子を、マーフィー博士との対話形式でまとめてみました。これも幸いになかなかの好評でありました。その後、マーフィー博士の論点を百項目に整理して『マーフィー100の成功法則』（産業能率短大出版部刊）という本を出版しましたが、これもずっと版を重ねてきています。

一方、マーフィー博士の他の著書も多く訳され好評のようです。私は身辺が多忙であったために、これらの著作は、私の知人や友人に訳していただきました。そのいずれも多くの読者を得ていることは、まことに嬉しいことであると思っています。マーフィー博士の説に賛成する人が多ければ多いほど、この日本にはそれだけ幸福になった人、心の平和を発見した人、人の幸福を喜べる人が多くなったということを意味するからです。

ここ五年ばかり翻訳から遠ざかっていた私が、今年になって急にまたマーフィー博士の新著を訳してみる気になったのは、産業能率短大の出版部長の金森照治氏のすすめ方の上手さは別にしても、個人的な理由がいくつかあるからです。参考のためそれについて述べてみましょう。

第一の理由として、今年になっても、五年前に出た『眠りながら成功する』が版を重ね続けているということがあります。毎日毎週膨大な数の本が出版されております。毎週ベストセラーの紹介がなされております。しかし五年前の本で今なおコンスタントに版を重ねている本が、いったい何冊あるでしょうか。それはそれはまことに稀なものです。現代の世の中では巨額の宣伝費を投ずれば、その本はほとんど必ずベストセラーのリストにのります。最近評判になったある本は宣伝費だけでも一億円を越えているとの確かな筋の情報があります。しかしこの本が半年後も売れ続けるかは、非常に疑問です。まことにまことに、「ベストセラーは作り易く、ロングセラーは作り難い」と言わなければなりません。それだけに、本を読む人の立場からすれば、ベストセラーを読んで失望することは、よくあるわけですが、ロングセラーを読んで失望することはあまりないわけです。ベストセラーには虚像が多いが、ロングセラーは実像が確かなのです。『眠りながら成功する』も、最初の二、三回は新聞広告もあったと思いますが、その後五年間、二十数版を支えてきたのはほとんど口コミだけと言ってもよいと思います。読んだ人が失望しなかったので、友だちなどにすすめてくれたのだと思いますが、私はこの事実をきわめて重く見ます。かつ喜んでいます。そしてこの五年間、読者を失望させなかった『眠りながら成功する』の続編、あるいは実践編ともいうべき本書が出た時、これも私の筆で訳したいと思ったわけです。この五年間、著書や論文はかなりたくさん書きながらも、翻訳の仕事はいっさい引き受けなかった私が、この本には特別な魅力を感じたのです。

第二の理由はもっと個人的なことです。それは『眠りながら成功する』を訳してから、私の個人の生活にはいろいろと良いことが多くあったからです。私の周囲を見回しますと、マーフィー理論に合ったような生活をしている人は、どうも他の人と差をつけて繁栄していくようです。それに反して、これを嘲笑するようなところのある人はうまくいっていません。私はマーフィー博士の理論の正しいことを、この五年間、私自身および私の周囲の実例から、更に深く確信するようになっております。

第三には、世界全体の思潮の流れがマーフィー的になってきているということに気づいたからです。昨年の暮にマーフィー博士の本を出している産業能率短大出版部から、『人間らしさの構造』という本が出ました。この中で著者の渡部昇一氏は、現在の世界の思想状況を分析して、価値基準を自分の外に求めた時代は完全に崩壊してしまい、自己の内に自分で価値基準を作る時代になってきていることを、いろいろの角度から考察しております。渡部氏はこれからの生き方の可能性として、ヒットラーやスターリン的独裁型の国家体制にもどるか、麻薬などに逃避するか、運よく宗教的体験を得るか、それとも自己の欲望を中心に価値体系を組み立てなおすか、その四つぐらいしかないことを示しています。独裁や麻薬はどうも困るし、さりとて禅の悟りを開くことなどは、そう簡単にできるわけがないとすると、現代人が手ごたえある、また生きがいある生活をおくるためには、自分の心の内側に目を向けなければどうしようもないようです。この点、マーフィー理論は現在の状況を先取りしていたと言えます。マーフィー理論は徹頭徹尾、心の内側に関心を向けているからです。正しいフィーリングの世界に入る方法を、この本は見事な説得力で示してくれております。

最後の理由として、マーフィー博士は勇敢にも、金銭の問題を率直に取り扱っております。ドイツの大哲学者のカントは非常に金銭の取り扱い方に細心で、老後も生活に困ることはありませんでした（当時は社会保障などはなかったのです）。しかし偉大なるカントの哲学の体系とそのお金の扱い方とどこでつながるのかわかりません。つまり高遠な哲学体系は日常生活と分離しております。ですから哲学や宗教学をやっている人は、下手にすると偽善者になりかねません。哲学ではお金をどう扱ったらよいかわからないのです。しかしマーフィー博士は、給料を三倍にしたり、すてきな夫を見つけるとかいう日常のことと、人間存在そのものに関する高遠な哲学的思索の間に差別をつけません。これこそ偽善性なき哲学です。私は職業がらドイツの観念論の文献も丁寧に読みましたし、仏教も少しは噛りました。そして今言えることは、この一見通俗的に見えるマーフィー博士の本の中には、まことに深い哲学と宗教が含まれているので、昔の禅師たちもこの本が当時あったら、あんな苦しい修業をしないでもすんだのではないかと思われるぐらいです。その人生の究極の大問題と、二万五千ドルもうけたり、なくなったお金を見つけるといったような日常卑俗の出来事とが、本書の中では少しも遊離していないのです。私はマーフィー博士のこの思想は本物だと思います。高遠なことを言っている自分と、明日の食事の代金やデートの相手の心配をしている自分とが、同じ自分であることを認めて、その上に成り立つ哲学や思想でなければ、偽善的、空論的、麻薬の代用品と言われてもしかたがないではありませんか。

『眠りながら成功する』よりも更に実践的なこの本は、読む人に必ず実際的な恩恵を与えてくれることを信じて疑いません。この本を読むことによって貧しい人はお金を得るでしょう。家の欲しい人は家を持つでしょう。婚期の遅れたＯＬも素敵な男性にめぐり会うことでしょう。受験生は自分の能力をもっともよく開発してくれる学校にはいれるでしょう。病人は回復の速度を早めるでしょう。そして老人も死を恐れることがより少なくなるでしょう。

昭和四十八年五月

大島淳一

※「訳者序文」中の「産業能率短大出版部」は、現在の「産業能率大学出版部」です。

改版にあたり、一部表記の訂正と統一を行っています。

本書の初版は、一九七三年に出版されており、現在から見れば配慮すべき表現などが見受けられますが、原作のオリジナリティを尊重して、この新装第二版も一部初版の表現のままにしました。

まえがき――本書はあなたに富をもたらすことができます

あなたはご自分に対して、次のような質問をしたことがおありでしょうか。

- どうして、ある人は非常に金持ちで、またある人は貧しいのでしょうか。
- どうして、ある人は仕事に成功するのに、別の人は同じ仕事をしても失敗するのでしょうか。
- どうして、ある人は富を祈っても何の効果もないのに、彼の家族の別の人は祈るとすぐにその結果を得るのでしょうか。
- どうして、ある人はお金や成功を求めて肯定法を用いても、ますます貧しくなるばかりなのに、別の人が同じ肯定法を用いるとすばらしい結果を得るのでしょうか。
- どうして、ある人は自分の家や不動産を売ろうと一年以上も努力してもさっぱり成功しないのに、その隣人は数日のうちにその家や不動産を売ることができるのでしょうか。
（訳者注・アメリカでは家や不動産を売ることが一般に難しく、はなはだしくは、くれてやるといっても、家のもらい手がない場合もある）。
- どうして、ある人はある地区でセールスマンとして大成功するのに、別の人は同一地区で失敗者になるのでしょうか。

- どうして、ある人は成功の階段を登っていくのに、同じ資格を持った別の人は一生あくせく努力しながらも、これといったことを何一つ達成できないのでしょうか。
- どうして、ある人は自分の目的を達成するのに必要なお金をすべて持っているのに、別の人はやりくりができかねているのでしょうか。
- どうして、あんなにも多くの信心深くて善良で親切な人たちがいつもお金が足りないのに、別の宗教的な人は必要とするだけのお金をすべて持って、それを賢明に使っているのでしょうか。
- どうして、こんなに多くの無神論的な、不可知論的な、非宗教的な人たちが成功し、繁栄し、非常な大金持ちになり、輝くばかりの健康を享受しているのに、たくさんの善良で、親切で、道徳的で、廉直で、宗教的な人々が、病気や欠乏や悲惨や貧乏に苦しんでいるのでしょうか。
- どうして、ある人は、与えてもそのお返しを受けないのに、ある人は与えると豊かにお返しを受けるのでしょうか。
- どうして、ある人は美しくぜいたくな家を持っているのに、別の人はスラムに住んだり、おんぼろの家に住んだりしているのでしょうか。
- どうして、金持ちは更にいっそう金持ちになり、貧乏人は更にいっそう貧乏人になるのでしょうか。
- どうして、姉妹のうちの一人は幸福な結婚をして豊かな生活を送っているのに、もう一人のほうはさびしく挫折しているのでしょうか。

●どうして、ある人の信念はその人を豊かにするのに、別の人の場合には、信念がその人を貧しくし、病気にし、人生の失敗者とするのでしょうか。

本書は右にあげた疑問のすべてに答えるものです。そしてきわめて実用的に、また率直に書いてあります。本書は自分たちのまわりにある富を体験したいと願っている男女のために書かれたものです。あなたがこの世に生まれたのは、充実した幸福な生活を送り、あなたのやりたいことは何でも、あなたのやりたい時にやるのに十分なお金を持つためです。お金はあなたの人生をふんだんに循環し、常にあなたのために余るほどあるべきものなのです。

あなたは心の法則を正しく用いることによって、直ちにその結果を得ることができます。本書の中の各章には、簡単で実践的なテクニックや、やさしいプログラムが書いてありますから、あなたはすぐに、栄光に満ち、豊かで富める生活を送る技術を実行に移すことができるでしょう。どうしたら金持ちになれるかについての詳しい指示も書いてあります。一文なしで落ちぶれていたのに、自分の潜在意識の宝庫を開く方法を学び、真の自己実現を果たし、それによって充実し、幸福で裕福な生活を送るのに十分な富を引き寄せた男女の実例を多数のせております。

本書の多くの章を書いている時に私が念頭に置いたのは、セールスマン、バスの車掌、主婦、タイピスト、ビジネスマン、商店員、専門職の人、学生、病院のインターン、そのほか人生において自分の夢や希望や野心を実現するためにお金を必要とし、お金を欲しがっているすべての人です。ですから、どの章を開いても、「富の観念を正しく潜在意識に刻みこめば、いつでも自分を待ってくれている富をこの世の中で体験できるのだ」ということを悟って、潜在意識に印象を刻みこむための、簡単にして非常に実際的な、何をどうなすべきかのテクニックがたくさん書いてあります。金持ちになるということは、こんなにも簡単なことなのです！

この本に紹介した数多い実例はすべて、私が詳しく説明した精神的法則を用いて非常な金持ちとなり、また成功した男女に関するものですが、この人たちはアメリカ人の場合もあるし、海の向こうの外国人（私の本は多数の言葉に訳されております）の場合もあります。ここで付け加えておきたいと思いますことは、こうした人たちはありとあらゆる「宗派」の人であったこと、またそのうちのある人たちはどんな宗教にも属さないはっきりとした無神論者や不可知論者であったことです。しかし、この本に述べられている非人称的な強い力を利用することによって堂々と繁栄し、別人に生まれ変わったようになって、ほんとうに豊かな生活を送るためにその富を享受しているのです。

私の知るかぎり、これらの人々は、その手紙や直接話し合ったことによりますと、ありとあらゆる収入階層からきておりますｃしかもその中には、破産者や文なしなど、あらゆる階級の人が多くおります。その男女がすべて、自分たちの潜在意識の力を正しく使うことによって巨富を積み、自分たちが願った人生の目標を達成したのです。この人たちはあらゆる障害を克服して前進し、無限の富を獲得するよう、潜在意識の力によって常に定められているのです。

本書の特長

あなたは本書のかざりけのない実用性に驚かれることでありましょう。どんな人でも毎日の生活に利用できる、簡単で利用可能な方法やテクニックが提供されております。本書の特長は、どうして、しばしば多くの人が自分の祈ったことと反対の結果を得るのかという理由について、あなたを啓蒙し、あなたに訴え、あなたにそれを示すことです。本書はまた、なぜそうなるかの理由をもまた、明快にあなたに示します。

「私は祈りに祈っているのに、どうしてそれが叶えられないのか」という古くからある泣き言は、あなたもしばしば耳にされたことがあるでしょう。この本の中には、このありふれた愚痴に対する簡単な答が書いてあります。あなたの潜在意識に刻印して適切な解答を得るための簡単なやり方、方法、テクニックを多くあげてあるので、この本は特別に価値ある本になっております。本書を利用すれば、あなたはご自分の内にある永遠の宝庫から、必要とするすべての富、精神的・物質的・経済的富を引き出して、充実した、幸福な、豊かな、喜びに満ちた生活を送ることができましょう。「神はあなたにすべてのものを豊かに享受させ給う」（第一チモテオ書　六・一七）。

本書のハイライトから

次にあげる話は、本書の中の多くの話から特に興味深いと思われる幾つかの話を拾い上げてみたものです。

●ひどい経済的窮境にあった若い技師が、自分を縛りつけていた呪縛を破り、数日後には友人が二万五千ドル貸してくれて、問題を解消した話（18ページ）。
●娘が自分の母に、信念と自信の輸血を行なうことによって、治癒力ある無限の精神の富を示してやって、心と身体のすばらしい回復を実現させた話（19ページ）。
●若い女性の不動産業者が、成功と富の絵を心に描き続けることによって、すばらしい成功者になった話（22ページ）。
●著名な銀行家が心を鎮静させ、自分のためにもお客さんのためにもすばらしい経済的な解答を潜在意識から得た話（23ページ）。
●なぜ潜在意識から解答を得られない人がいるのか、またそれをどうして克服したらよいのか（76ページ）。
●訴訟事件ですべてを失うところだった女性心理学者が、自分の潜在意識を正しい方向に向けることによって、自分に遺贈されたものをすべて受け取った話（26ページ）。
●ある若い秘書が宝探しの地図を書いたおかげで、だしぬけに五万ドルと世界一周旅行を手に入れ、すばらしい男性と結婚し、今、豪華な家具の入った美しい家を持っているという話（118ページ）。
●一年以上も家を売ろうとしながら成功しなかった未亡人が、この本に書いてある指示に従ったら、三日も経たないうちに初めからの目標額である十万ドルで家が売れて、そのお金を手に入れたという話（123ページ）。

•失業中の女優が心のイメージを用いることによって突然主演女優になったのみか、大金持ちの傑出した男性と結婚した話（124ページ）。

•中心イメージを用いるという指示に従った男が、油田を贈られ、美しい邸宅、四台の車などを手に入れ、三ヵ月もしないうちに五十万ドルもの財産を作った話。「耐えしのぶものは栄冠を与えられるべし」と書かれてあります（126ページ）。

•あまり将来性のなかったセールスマンが、年収三万ドルのほかに手当のつくセールス・マネジャーになった話。彼はこの本の中に書いてある思考イメージのテクニックを実践したのです（103ページ）。

•この本に書いてあるテクニックの一つを用いた若いスペイン人の少女が、道路で二千ドル入りの封筒を拾い、お母さんをメキシコ旅行に連れて行くことができたという話（103ページ）。

この本には、あなたが人生のすべてのよきものを手に入れ、更にあなた自身や家族のために必要なお金をすべて手に入れることができるようにと、常にあなたのために働いてくれる簡単な、実際的、論理的な、科学的な方法があるのです。この本に書いてある指示をご利用くだされば、あなたは自分の欲しがっている豊かな、幸福な、成功した人生の果実を収穫するのだということを、私は積極的に、明確に、断定的に言いたいと思います。

この本をあなたの導き手にしてやってください。何度も何度も読み返してください。そこに書いてあるように正確にやってください。そうすればあなたを待っている巨大な富と、より高貴で、より洗練された満足のゆく生活へのドアを開くことになるのです。このページから、真に実効ある知識の光に照らされてどこまでも前進しましょう。そうすればあなたの失敗を期待している目や、あなたが経験してきた恐れや失敗の影がすべて、突如として消え去っていきます。その時には、奇跡の奇跡と言うべきことですが、あなたがいつもそうでありたいと思っていたその金持ちになっているのです。

ジョセフ・マーフィー

目　次

第12章　あなたを富に導く、やさしい、目に見えない声を聞きなさい

第13章　お金について夢をもつことは、あなたを豊かにする――心的浸透の秘密

第1章　無限の富を得るための奇跡の力の秘密

「富む」ということは、あなたが生まれながらにして神から与えられた権利であります。別の言葉で言えば、あなたがこの世に生まれてきたのは、人生のあらゆる分野ですばらしい生き方をして、生命を十分に発揮するためなのだ、ということです。あなたがこの地上に生をうけたのは、幸福で喜びに満たされた、すばらしい生活を送るためなのです。つまり、もっと豊かな生活を送るために、あなたはこの世に生まれてきたのです。無限の富はあまねく存在しております。そして無限の宝庫が、あなた自身の潜在意識の深奥にひそんでいるのだということを、あなたは悟り始めるべきです。あなたの内なる、かのすばらしい金鉱から、あなたは自分の必要とするすべてのもの、すなわち、お金でも友だちでも、すてきなマイ・ホームでも、美でも友情でも、人生のありとあらゆる祝福を今こそ引き出し始めるべきです。あなたがしかるべき技術、つまり「達成のためのノー・ハウ」を適用するならば、あなたは自分の欲しい物は何でも引き出すことができるのです。

私の旧友であるデイブ・ハウ氏は、同じ町で育って同じ大学を卒業した二人の地質学者について、私に次のような話をしてくれました。この二人の地質学者の一人は、自分の内なる心の宝庫のことを知っていたのですが、もう一人のほうは知らなかったのです。それでこの人は地勢だとか、土壌の状態とか、一般的地形とかいうような外的なことに頼ってやっていました。この人は地質調査に関するありとあらゆる近代的装備を用いてユタ州のある地域で三週間やってみたのですが、何も発見できませんでした。ところが、正しい心の装備をもったもう一人は、同じ地域を前の人のあとで調査してみたところ、やり始めてからたった一時間ほどで、ウラニュウムの鉱脈を発見したのです。

この富、この財産は、どこにあったのでしょうか。「自分の潜在意識の中にある指導原理は、まっすぐに隠された富に導いていってくれるのだ」ということを信じたほうの地質学者の心の中に、真の富があったのだ。こうあなたは結論を下されることと思います。

この世の中で最も偉大な秘密

ある人が最近、私にこう申しました。「現在解明されつつある最大の秘密は遺伝等の分野のものであるが、その結果として今や、近代科学は人間の基本的な遺伝子を自由に変えて、好きなだけ多くのアインシュタインやベートーベンやエジソンのような人を作り出すことができるのだ」と。しかしこの人は一つ見落している点があります。というのは「生ける精神《リビング・スピリット》」、すなわち神が人間の内に存在しており、それは不変であって、昨日も今日も永遠に同じだからです。人間はその肉体や遺伝性質や家系や皮膚や目の色や、身体の恰好などといったもの以上のものなのです。

人間が変わるのは、ただ一つの変わり方だけによって変わるのです。つまり、人間はその心が変化することによってのみ変わるのです。「あなたがたは精神を新たにすることによって変わるのである」（ローマ書　一二・二）。また宇宙旅行や核分裂こそ現代の最大の秘密であると言っている人々もおります。しかし何といっても最大の秘密は、神の国が人間の心の中にあること、つまり無限の知性、無限の知恵、無限の力、無限の愛、それにこの世の中のすべての問題に対する解答が人間自身の意識の中に封じこめられているということです。

人はこの世の中で最も偉大な秘密をいたるところに探し求めながら、自分自身の中にあることを忘れているのです。さあ、あなたの内にあるこの驚くべき力を引き出すことを始めましょう。そうすればあなたは充実した幸福な生活を始めることになるのです。これこそ「われわれにすべての物を豊かに享受せしめ給う神」（第一チモテオ書　六・一七）に基づく生活なのです。「わたしが来たのは彼らが生命を得、更に豊かにその生命を得るようにとのためである」（ヨハネ伝　一〇・一〇）。

あなたの「富裕権」

あなたが自分の人生において、繁栄や成功や達成や名声を欲しがられたとしても、それは正常のことであり当然のことであります。あなたは自分がやりたいことを、やりたい時にやるために必要なお金には、全く不自由しないようになるべきです。貧乏は美徳ではありません。貧乏は一種の心の病であって、この地球の上からなくさなければならないものだからです。富裕は一種の心の状態でありますが、それと同じように、貧乏も一種の心の状態なのです。われわれがまず人間の心から、スラムだとか貧乏はよいものだとか、欠乏は避け難いものであるとかいう考え方を一掃しないかぎり、この世界からスラムを根絶することはできないでしょう。

個人的なカウンセリングをやっている時とか、いろいろな所で講演した時とか、講演のあとの話合いの折とか、そういった時にアメリカでもアメリカ以外の国でも、絶えず私が耳にする言葉は次のようなものです。「二万五千ドルか五万ドルあれば、私の人生で困ることは何もないのに。」

これはもちろん、お金に困っており、金銭的に恵まれない人々のことです。この人たちは、富とはほんとうは心の中に描くイメージであること、本書の中に述べてある簡単なテクニックに従って自分の潜在意識を使うならば、富は雪崩《なだれ》のように豊富に自分の懐中《ふところ》に流れこんでくるのだということが悟れないでいるのです。

すばらしい食事をとり、よい着物を着、理想的な家に住み、生活を快適にする物を買うのに必要なお金をすべて手に入れるということは、あなたの権利であり、またあなたの家族の権利でもあります。あなたが必要なのは毎日黙想し、祈り、くつろぎ、休養するための一時《ひととき》です。そして、こうするための時間と設備を持たなければなりません。繁栄するということは、あなたが頭脳的に、精神的に、知的に、社会的に、経済的に、あらゆる面で前進し始めるということなのです。

彼は心の富をどうして発見したか

最近私は続けざまに不運と不幸に見舞われたという人と話をする機会がありました。彼は家を持っているのですが、何重にも抵当に入っていました。彼は自分の家族のためにぎりぎりの生活必需品を買うお金も十分にありませんでした。それで彼は抵当の支払いもできなかったし、八百屋さんへのつけも払えなかったのです。医療費は兄さんに払ってもらっていました。それで彼の言葉によれば「自分の生活はめちゃめちゃだ」というありさまでした。

潜在意識の富を引き出すこと

私はこの男に、自分の潜在意識の中の無限の知性は、彼が知る必要のあることはいつでも何でも彼に知らせてくれることができること、またインスピレーションや導きや新しい創造的なアイデアや金銭上の問題の解決策も、それから得ることができるのだということを説明してやりました。私はまた、こうも付け加えてやりました。「もしあなたがその潜在意識を正しく使うならば、潜在意識の無限の知性は、あなたの必要とするすべてのお金を供給してくれるでしょう。そうしてあなたは、夢にも見たことのないほどの経済的自由を経験することになりましょう」と。

それから私は彼に二つの抽象観念、つまり富裕と成功という二つの観念を与えました。彼は、富はあまねく存在していること、そして自分の内なる無限の力はやりそこなうことはないのだから、自分も生まれてきた以上、成功して人生のゲームに勝つのだということを認めました。私のすすめに従って彼は、夜はくつろいで静かになり、ゆっくりと感情をこめ、しかも深い理解を持ちながら「富裕、成功、富裕、成功」という単語を繰り返し、そしてこの二つの観念を深い眠りの中に持ちこみました。自分の潜在意識の中に刻みこんだことは何であれ、拡大され増大されて、現実というスクリーンの上に現われてくるのだということを彼は了解したのです。

この秘訣というのは、眠りにはいる直前に意識に浮べていた観念は潜在意識に刻印される、ということなのです。八晩というもの彼は「富裕」と「成功」という二つの単語を繰り返したのですが、これは彼の潜在意識にひそむ力を活性化し、それを開放するという作業をやっていることになっていたのです。そして潜在意識の法則は否応なしに働くのですから、彼のほうも否応なしに富裕と成功を実現せざるをえなくなっていたのです。

彼の潜在意識はいかに反応したか

「自分のための供給源は自分自身の潜在意識である」ということを彼は認めたわけですが、この彼は「正しくさえ用いれば潜在意識はやりそこなうことはなく、客観情勢がどうあろうと予想もできない方法で自分の必要にこたえてくれるものである」ということを、身をもって証明することになりました。彼は十年ほど前に土地を買っていたのですが、その月賦の支払いは滞っており、手放そうと思ってから一年もなるのに買手がつかない状態でありました。ところがその土地を、二万五千ドル現金払いで買おうという人が突然現われたのです。その土地は新しい建物のために必要だったので、その買い主はすぐ建てたがっていました。無限の富は自分の心の中と同様、自分の周囲にもあるということを彼は発見したのでした。

彼の心の中の考えが、無限の宝庫と自分を結びつける役目をしたのです。あなたの潜在意識の中にある無限の知性は、あなたを通じてできることを、あなたのためにやるだけなのです。あなたの考えること感じることは、あなたの運命を左右します。私が授けてあげたテクニックに従う時、この例にあげた男は、その生涯を通じていかなる時にも欠乏することはないだろうということを、私はあなたに断言できます。

聞く耳と理解する心の富

最近私は、毎朝私のラジオ放送を聞いているという一未亡人から、すばらしい手紙を受け取りました。彼女の手紙の要点を紹介してみましょう。彼女の夫は一年前に死んだのですが、生命保険に入っていなかったのだそうです。養わなければならない子供が三人もいるのに、家は抵当に入っており、銀行預金はたった五百ドルあるだけでした。夫の葬式費用は友達が払ってくれたのです。彼女はこう手紙に書いております。

「私はあなたが聖書を引用なさるのを聞きました。それは『しかしわが神はその栄光における富に応じてあなたの必要をすべて満たし給うであろう』（ピリピ書　四・一九）という言葉でした。あなたはこの言葉を解釈してこうおっしゃいました。『もしわれわれが自分の内なる無限なる者に調和して、自分を祝福し慰め、必要を満たし励ましてくれるものが何か必要なのだということを心の中で信じるならば、神はそれにお答えになるのだ』と。それからあなたは『彼らが呼ぶ前に、私は答えるだろう。また彼らがまだ話さないうちに、私は聞くであろう』（イザヤ書　六五・二四）という言葉を引用なさいました。

私は腰を下しました。そして神様が私の必要とするものをすべてお与えくださること、また、私の祈りを今すぐ聞いてくださるのだ、と考え始めました。そうしますと、大きな平和感と調和感が私をおおいました。約二時間ほどしますと、私の夫の兄がやってきました。そして私に向かって、自分は私の困っていることも知っているし、また自分の弟に浪費癖があったことも心得ていると言うのです。」

彼はこの未亡人と三人の子供の世話をみて、ちゃんとした生活を送れるだけのことはしてやりたいと申し出たのです。彼は彼女に一万ドルの銀行小切手を与え、彼女が一生、毎週一定の金額の送金を受け取れるように弁護士と計理士に手配させたのでした。これは正式の信託資金《トラスト・ファンド》で、彼女の子供の面倒をも見るようになっていました。

この未亡人は、神は自分の必要をすべて満たしてくれることを信じ、自分がそれを求める前からその解答は自分の心の中にあるということを認めることによって、自分の中には無尽蔵の宝庫があることを自ら実証したのです。

昇進と富の秘密は彼の内にあった

いくつかの訴訟事件で敗訴になったため、気がふさぎ、憂鬱で自分を責めさいなんでいた一人の若い弁護士がおりました。気がついてみると経済的にもずいぶん損をして、負債も大いにかさんでいました。私はこの人に、「自分が頭の中で考えることは、間違いなく実現するのであり、外的な状態、状況、事件、体験などは、自分が習慣的に考えたり頭に描いたりしていることを、正確に反映するものなのだ」ということをいろいろ説明してやりました。そして次のようなことを指摘しました。「もしあなたの今考えていることが欠乏や行きづまりを生み出しているとするならば、それと同じように、平和、成功、繁栄、正しい行動、豊富などを考え、その考えを規則的にまた法則的に保持し続けるならば、その考えていることと同じ種類のものが再生されることでしょう。それは茨《いばら》には葡萄《ぶどう》はならず、薊《あざみ》にはいちじくはならないのと同じことです。というのは、人間とは、一日中その人が考えていることにほかならないという法則があるのですから。更に一つの精神的な考えは一万の否定的な考えよりも強力であり、感情と理解をこめてあなたが作り出す考えは、その日からすぐに、あなたの体験したいと思っていることを何でもあなたのために作り出してくれるのです」と。

私はこの青年弁護士にこれからやってゆくべき計画を作ってやってから、自分の潜在意識の中にある無限なる者の富を頻繁に思い起こすようにと言いました。それから私は彼に次のようなお祈りの仕方を伝授してやったのです。彼はゆっくりと、静かに、感じをこめて、一日に三、四回、次のことを肯定しました。

「今日は神の日です。私は調和と成功と、繁栄と、豊富と、安全と、神の正しい行為を選びます。無限の知性は、私がより大なる仕事ができるように、よりよい方法を私に示してくれます。私は頭脳的・精神的磁石であって、私の周囲には多くの男女が引きつけられずにはおりませんが、その人たちは皆、私がのってやった相談や、与えてやった指示によって幸福になり、慰められ、満足するのです。私は一日中、神の手によって導かれており、私のやることはすべてうまくゆきます。神の正義と神の法と秩序が、私のやることすべてを支配します。そして私がやり始めることはすべて結果として成功します。私は自分の心の法則を知っています。そして私が繰り返しているこれらの真理はすべて、今、私の潜在意識に沈潜しつつあります。そしてそれは同種のものを生み出すでしょう。それはすばらしいことです。」

彼は私が肯定したことを絶対に打ち消さないよう、特に意を用いました。そして欠乏とか恐れとか、自己をさいなむ気持ちなどが浮んだ時は、すぐさまそういう考えをひっくり返して、こう肯定しました。「主は私の羊飼いである。私が欠乏することはない」（詩篇　二三・一）。

それから数年経ちました。そして今日、この若い弁護士は成功の階段を登っています。彼は今や、すぐれた判事になっております（訳者注・アメリカでは弁護士から判事になることが可能である）。あなたの考えが神の考えである時、神の力はあなたの考えるよいことが実現するのを助けてくださるのです。

うまく成功したセールスマンの話

日曜の朝の私の講演にも出席し、私のラジオ番組も聞いている不動産セールスマンが私に向かって、自分のセールスの成績はガタ落ちで、いろいろな債務を背負いこみ、借金で首がまわらないと言うのです。更に付け加えて彼の言うことには、ここ八ヵ月間というもの、土地一つ、家一軒売っていないとのことでした。

彼といろいろ話し合っているうちに、私が気がついたことは、この人は嫉妬深く、毎日のように売買を成約させている他のセールスマンの成功やら販売技術やらにやきもちをやき、非常に批判的に見ているということでした。私は彼にこう指摘してやりました。「あなた自身が起こしたやきもちや嫉妬の心が、その当人であるあなたを貧しくし、あらゆる種類の欠乏を招き、自分自身を頭打ちの状況にして、悲惨を引きつけているのです」と。私はこの人に、自分自身の考えには物を作り出す力があることは確かであって、自分が他人のために考えたり欲したりすることは、「それは当人の経験として創造されてくるのだということをわからせてやりました。このことは、考えている当人こそが自分自身の宇宙における唯一の思考者であり、他人に対してどう考えるかについても、自分についてどう考えるかについても、はっきりとした責任があるのは考えている当人なのだ、という簡単な理法によるものなのです。

それからというものは、この人は自分の精神的態度を一変させ、すべての自分の同業者のために、成功や達成や、富や、あらゆる人生の祝福を心から祈ってやることを始めました。彼がいつもやったお祈りは次のようなものです。

「私は無限なる者の子であります。そしてこの無限なる者の富は、自由に、喜ばしげに、終わることなく私に流れてくるのです。私は幸福と平和と富と成功とすばらしいセールス成績で周囲を囲まれております。私は今、私の心の深層の富を奮い立たせております。ですから豊かな結果が続いて起こるのです。私は自分が播いたものを刈り取るのだということを知っております。というのは聖書にもこう書いてあるからです。『あなたはまた一つの事を念ずるであろう。そうすればその事はあなたに実現されるであろう。そして光はあなたの道を照らすであろう』（ヨブ記　二二・二八）。」

現在、この人はセールス・マネジャーであり、有能で、他のセールスマンたちに賢明に、上手に、建設的なセールスの仕方を教えてやることができます。聖書にも、「貧困と恥辱は教えを拒《こば》む者に来たるのである」（箴言　一三・一八）と書いてあります。

◆富裕な生活を実現するための黙想

富裕な生活の邪魔になっている問題の解決を促進するために、次の黙想を繰り返してください。

「繁栄するということは、あらゆる面において精神的に成長することだということを私は知っております。神は今、私を心においても身体においてもまた仕事においても繁栄させてくれております。神の考えは絶えず私の内部において展開しつつあり、私に健康と富と完全なる神の表現をもたらしてくれています。」

「私は神の生命が私という存在を作り上げているすべての原子に生命を与えてくれているのだと感じ、身うちがゾクゾクしてきます。神の生命が今私を生気づけ、ささえ、強めてくれていることを私は知っております。私は今、活力と精力と力に満ち、完全で輝くような身体を表現しております。」

「私の仕事も職業も神の活動です。そしてそれは神の仕事であるが故に成功し、繁栄します。私は内なる完全さが、私の身体や心や仕事を通じて働いているのだと想像し、また感じております。私は感謝し、豊かなる生活を喜びます。」

本章の要約――記憶してください

（１）あなたは豊かな生活、幸福と喜びと健康と富裕に満ちた人生を送るためにこの世に生まれてきたのです。あなたの内にある宝庫の富を、いま解き放ちましょう。

（２）ほんとうの富はあなたの潜在意識の中にあります。自分の潜在意識の指導原理を信じた地質学者は地下の宝を最初の一時間で発見したのに反し、この信念を持っていなかった彼の仲間は、同じ地域を三週間も調査しながら何も見つけられなかったのです。

（３）この世の中で最大の秘密は、神が人間の中に住んでいるということであります。しかし普通の人は、富や成功や幸福や豊かさをほかのところに求めてあくせくしていながら、それを自分の中に求めようとはしていません。神とは人間の内なる生命原理であり、無限の知性であり、無限の力であって、人間の思考という媒介を通じて、すべての人がすぐに利用できるものです。

（４）貧困は心の病気です。貧困とか欠乏の存在を信ずるから欠乏が生まれ、頭打ちになるのです。富は心の状態です。富の法則を信ずればあなたはそれを受け取ることでしょう。

われわれがスラムとか貧困を放逐する前に、まず第一に、人間の心の中にあるスラムと偽りの信念を放逐しなければなりません。

(5)あなたが自分の潜在意識の富を引き出すためには、指導《みちびき》と豊富と富と安全と適切な行動を念じさえすればよいのです。こうした真理について観想する習慣を作ってください。そうすればあなたの潜在意識はそれに応じて働いてくれます。

(6)もしあなたが「富と成功という二つの言葉を繰り返すことは自分の潜在意識にひそんでいる力を働かせることなのだ」ということを理解した上で、毎晩この二つの単語を繰り返しながら眠りに入ってゆくならば、あなたは否応なしに富と成功を実現せざるをえなくなります。

(7)あなたの潜在意識の中の無限なる知性は、それがあなたを通じてやれることをあなたに対してやるにすぎません。あなたの考え方と感じ方があなたの運命を左右するのです。

(8)あなたの潜在意識にある無限の知性は、あなたの要求の性質に応じて反応する性質を持っているのだと信ずれば、その答は常にあなたに与えられるのです。しかもあなたの予想もしない方法で。

(9)あなたの考えには創造の力があります。どんな考えでもあなたの生活の中に顕現してくる性質があります。昇進、富、発展、達成などを考えることは、あなたがそれを後になって打ち消さないかぎり、考えた内容に応じて実現してきます。あなたを昇進させるのはほかならぬあなたなのです。あなたの祈りに応《こた》えるのはあなたなのです。あなたの信じるがごとくあなたになされるのですから。

(10) あなたが富や成功や適切な行為や昇進を肯定したら、その後で一旦肯定したことを打ち消さないように注意してください。それは酸にアルカリをまぜるようなもので、不活性で働きのないものにすることになるのです。換言すれば、あなたのよきものを中和するな、ということです。考えは物です。あなたが感ずるものをあなたは引きつけ、あなたの想像するものにあなたはなるのです。

(11) 絶対に他人の成功や富や財産をうらやんだり嫉妬しないようにしなさい。あなたの考えは創造する力があるのです。ですから、もしあなたが、富や名誉をたくさん持っている人を嫉妬したり批判したりすれば、あなたはすべての面において自分自身を貧しくするのです。あなたの考えには創造力があるのです。ですから、あなたが他人について考えていることは、あなた自身の経験という形で作り出されるようになるのです。

(12) あなたがほんとうに感じ、自分の人生においてもそうあれかしと思って念じていることは、必ず起こるのです。富を念じ、健康を念じ、美を念じ、安全を念じ、正しい行為を念じてください。「またあなたが一つの事を念ずればその事はあなたは実現されるであろう。そして光はあなたの道を照らすであろう」（ヨブ記　二二・一八）。

(13) より富裕な人生を実現するために、この章の終りにある「黙想」を利用してください。

第2章　あなたを直ちに豊かにする奇跡の力を引き出す法

聖書にこう書いてあります。「もしあなたが信ずることができるならば、あらゆることが信ずる者に可能なのである」（マルコ伝　九・二三）と。

信ずるということは、あることを真実だとして受け入れることです。英語の「信ずる」という単語の語根を分析してみますと、それは「生きる」という意味だということがわかります。これは別の言葉で言えば、神の真理の実在を心の中で活き活きと感ずることによってそれを生かすということです。これは単に意識的に同意するとか理論的に賛成するということ以上のものです。それは、あなたが心の中で肯定することは真実なのだと感じなければならない、という意味です。

成功と失敗、健康と病気、幸福と不幸、喜びと悲しみ、富裕と貧困の差を作り出すものは、人間の心の中にある信念なのです。富裕も心の状態ですし、また貧困も心の状態です。

あなたがあなたの内なる無限の精神、無限の力――人はこれを神と呼ぶのですが――を知るようになる時、あなたは真に富裕になるのです。あなたが、自分の考えることは創造の力があり、また自分の感ずることはそれを自分に引きつけているのであり、また自分の想像するものに自分がなるのだということを知る時、あなたは真に富める者なのです。あなたは自分の心の創造的プロセスを知る時、つまり、あなたが自分の潜在意識に刻みこんだことは何であろうとも、形をとり、機能となり、経験や事件として現実の生活に投映されるのだということを知った時、あなたは富める者なのです。

自分の内なる富を発見した若い技師

一人の若い技師が私に向かって、「私はひどい窮地に立っています。絶えず祈ってきているのですが、何のききめもありません」と言いました。私はこう答えました。「絶えず祈り続けるという必要はないでしょう。それではまるで祈りを休むことを恐れているみたいではありませんか。そんなことをしないで、あなたの祈念していることを自分の潜在意識の無限なる知性にまかせてしまいなさい」と。私はまたこうも説明してやりました。「一日二回誰か困っている人、それは隣のジョンでも同じ通りに住むメアリーでもかまいません。心臓が悪くて困っているような誰かのために祈ってやったらどうでしょうか。そうすれば呪文にでもかかったようなあなたの病的固執《フィクセイション・スペル》も破れるでしょうし、またあなたは自分の内なる精神的な富も発見できるでしょう」と。また次のような文句を唱えて、喜びを得るための祈りをするようにと忠告しました。「主の喜びは私の力です。喜びこそは生命の飛躍であり、生命の表現であることを知っていますから。」私はまた彼に、このような精神的な方法を用いる際は、意志の力を用いたり心を無理に強制することのないようにと注意しました。

それから数日して、彼の問題は突如として完全に解決されたのです。彼は私にこう言いました。「私はすべてを失う瀬戸際でしたが、ちょうどその時、昔の友達が助けにきて二万五千ドル貸してくれたのです。それによって私の問題はすべて解決したのです。」この人は、富とは自分の潜在意識の無限の宝庫の中にあるということを発見したのでした。

創造的な考えの富を発見した若い女性

慢性の胃病で悩んでいるお母さんのことを非常に心配している若い女性がおりました。お医者さんから消化剤とかけいれん止めの薬などを処方してもらったのですが、彼女のお母さんの痛みは軽減しなかったのです。彼女は毎朝毎夕三十分ずつ、お母さんの胃のために祈る時間をとって、「胃は神の御心です。その胃は完全なものです。胃の消化は完全です」などという祈りを繰り返したのでした。ところが彼女自身の胃も悪くなるという不幸な結果が生じたのです。

私は彼女に次のように説明してやりました。「あなたはお母さんの胃病と自分を混同したり、お母さんの病気とデイトの約束をするような祈り方をすることをやめなければ、お母さんを助けてあげることはできませんよ。というのは、あなたの祈り方の態度を聞いていると、あまりにもお母さんの病気とのおつき合いが密接なので、その病気にしがみついているみたいだからです。あなたのやり方は、お母さんの胃病とデイトする習慣を作り上げたようなものです。あなたは何か仕事の契約をしたような祈り方をしていますよ」と。

彼女の創造的な考えが母親の胃病を癒した

彼女は自分のやり方を変えました。そして身体の器官だとか、その他、肉体上の諸条件をくよくよ考えることをやめました。彼女は潜在意識の中にある無限の治癒力と自己を同一化しました。そして自分の母の肉体を創造した治癒力のある精神と知性は、母の全存在に活力を与え、癒し、そして調和と健康と完全さをとりもどしてくれるのだと、静かに、また感情と愛情をこめて唱えることを始めました。そして、この自分の祈りこそ、今なしうる最善のものであると実感しながら、しばらくの間こうした真理について黙想しました。そして祈る必要があると感じた時は、また今の祈りを唱えたのでした。この方法によって彼女が得た結果は目を見張るようなすばらしいものでした。というのは彼女の母からはあらゆる病状が消え、彼女自身もすっかりよくなったのですから。

共感と同情

この女性が自分のお母さんのためにお祈りをしているうちに、自分も病気になってしまった理由は、彼女がほんとうに母親と共感してしまったので、母親のはいりこんでいる底なし沼に自分もはいりこんでしまったからでした。「同情」は、自分はしっかりした地面の上に立ちながら、泥沼の中に落ちた人にロープとか木の枝を投げてやって引き上げてやることです。「共感」は現状の消極面、あるいは有害な面に同意してしまうことで、これは問題を悪化させ、実際に拡大してしまうものなのです。この理由は、われわれが注意を凝集したものは何でも、潜在意識が極度に拡大してしまうことによるものです。

無限なる者の富を病人に与えること

霊感、導き、信念、自信、喜び、調和、愛、平和、豊富、安全といったような無限なる者の富は、すべてあなたの中にあります。ですからあなたが病人を見舞った時、自分の考えや感情の中でその人を支え起こしてやり、その病人が自分自身の潜在意識の治癒力に信念と自信を持つように、いわば正しい信念の輸血をしてやることがあなたの義務です。あなたはまた勇気と理解を与えることもできましょう。病人には、神にとってはあらゆることが可能であることを思い出させてください。そしてその病人がすっかりよくなり、輝くばかりで、歓喜に満ち、自由でいるところを頭の中に描いてください。病人をかわいそうだと思い、憐れみの心で接するのは、当人を回復の道から引きずりおろすようなもので、非常にマイナスな方法です。同情してあげなさい。そして病人の心と身体を癒し、祝福し、回復させる力を持つ潜在意識の無限なる治癒力を呼び覚してあげてください。「彼が私の魂を癒したのである」（詩篇　二三・三）。

あなたは自分の考えの主人であって召使いではない

あなたの考えには創造する力があります。どんな考えでも実現するものですし、あなたの潜在意識はあなたの考えの性質に応じて反応せしめられるのです。あなたは自分の車を運転するように、あなたの考えの方向を決めたり操ったりできるのです。考えはものです。ラジオ、テレビ、自動車、富、健康、ヨーロッパ旅行などについてあなたが考え、頭に思い浮かべることは、あなたの心の中では現実なのです。もし何か大惨事があって地上の自動車が一台残らず破壊されたとしても、技師は自分の心の中にある考えやイメージに基づいて再び車を設計し、間もなく何百万台もの車がまたできてくるでしょう。

あなたの考えは、あなたが用いる唯一の道具です。そしてあなたが自分の考えを賢明に、建設的に、慎重に導くならば、それはすばらしい配当を払ってくれます。あなたの考えは数学的正確さをもって働きます。もしあなたが貧困を思えば不自由と欠乏が生じ、あなたが発展と成長と繁栄を思えば、それらがあなたに起こるのです。

考えに磁力のあった女性

不動産取引業者として非常に成功しているある若い女性が、私にこう言いました。「私が成功したのはすべて、私が仕事中に成功のことを頭の中で描き続けていたという事実によるものです。これが磁石の働きを発揮して、私の考えや感じに正確にあうようなお客さんや条件を私に引きつけてくれたのです」と。

彼女が毎朝行なった祈りは次のようなものでした。「私は精神的磁石であり、私の提供することができる物件を欲しがっている人をみんな私にひきつけるのです。私とお客さんの間には神の手による考えの交換があります。お客さんも祝福され、私も祝福されます。私は調和と豊富と正しい行為と霊感を念じ、また私の潜在意識がこの真理と想像を受け入れてくれることを知っております。」

この不動産取引業をやっている女性は、あらゆる面において自分が神の手によって導かれ、指導されているとわかっています。彼女の潜在意識は習慣の座にあります。彼女が規則正しく、また法則に従って神の導きや適切な行為や豊富を念じ続けているので、適切なことをなし、適切なことを言い、適切なふるまいをしなければならないように、潜在意識によって強制されているわけなのです。これが「考えはものである」ということの意味です。

心を静かにして事をなす男

最近私は著名な銀行家と話し合う機会があったのですが、その時彼は私に次のように話してくれました。「数年前までは私は外的条件だけしか見ないくせがあって、無暗に奮闘したり、環境とか仲間の態度に反発する傾向がありました。しかし今では、物事をなすのは静かな心であることがわかりました。私は時々静かにした上で、自分の身体にじっとしてくつろぐようにと命じます。すると身体はそれに従わずにはおれません。私の意識する心が静まり、平穏に、平和に、受容的になると、私の潜在意識の知恵が表面に出てきて、私はすばらしい解答やら解決策を受け取るのです。」

立派な使用者になるには

自分の潜在意識の富を引き出すには、立派な使用者あるいは経営者でなければなりません。立派な経営者というものは仕事を任せる明敏さと聡明さを持っているものです。そして他人に完成させるように頼んだ仕事には指をつっこまないものです。下手な使用者というものは、商売においても科学においても美術においても産業においても教育においても、ほかの人にやるように頼んだことにしょっちゅう干渉するのです。

あなたが祈る時は良い使用者になり、あなたの潜在意識に権限を委譲することを学ばなければなりません。あなたの潜在意識はすべてを知り、すべてを見、そして独特の方法でそれを実現するでしょう。あなたが祈ったり解決策を求める時、完全なる信念と信頼をこめてその要求なり願望なりを自分の潜在意識に任せるのです。あなたは潜在意識に引き渡したことは何でも実現することを知っているのですから。

あなたが自分の願い事をほんとうに任せてしまったかどうかは、あなた自身の感じ方でおわかりになります。すなわち、あなたが、どのようにしてとか、いつとか、どこでとか、どのような方面からとか、そういったことをいらいら考えたり、不安がったり心配していれば、あなたは自分の潜在意識の知恵をほんとうに信頼していないことになります。あなたの潜在意識にうるさくあれこれ言うことはやめなさい。あなたの願望を考える時はタッチの軽さということが重要です。無限の知性が神の秩序においてそれを引き受けてくれているのだということを思い出してください。

自分の心の富を発見した友人の話

最近私は旧友と語らう機会がありました。この人は主治医に、すぐ禁煙することが絶対に必要と言われたのでした。しかし彼はそれまで毎日四箱も吸っていたので、どうしてもやめることができそうにもないと思っていました。

私は彼に、「願望と想像力が争う時は、必ず想像力が勝つ」という古くから言われている真理を説明してやりました。私のすすめに従って、彼は一日二回、自己療法をやりました。そのやり方と言うのは、静かに受容的になってから、次の言葉を肯定してそれを眼前に描くのです。「自由と心の安らぎは今や私のものです。この真実を信じて肯定しているのだから、それは私の潜在意識に沈んで働きます。そして潜在意識の法則は、そうせざるをえなくするものであるから、私も煙草をやめざるをえなくなるでしょう。私は空想の中で、私の主治医の前におります。彼もちょうど今、私の診察を終えたところで、私が喫煙の習慣から解放されて、完全な健康を得たことを祝福してくれています。」

彼は約一週間、毎日そのような自己治療を数回しました。そして一週間もしたら潜在意識からの応答があって、気がついてみたらもう煙草を吸いたいという気はなくなっていたのです。彼は自分の心の深奥に、彼が習慣的に考え、想像したことを植えつけるのに成功したわけです。彼の主治医は、彼が主観的に考え想像していたことを客観的に裏付けてくれました。これは私の友人がいかにして自分の潜在意識を発見したかの物語です。

問題を手放して神に助けてもらうという富

ある女性心理学者が難しい訴訟にまきこまれ、しばしば注意をその方向に取られたり、法廷に出かけたりしなければなりませんでした。彼女の祈念療法は次のようなものでした。「私はこの問題を手放して、私の潜在意識の神的英和と神的に適切な行為にこの問題を解いてもらいます。私はこの問題を解き放します。」彼女が自分の弁護士や関係者と連絡をとらなければならない時はいつでも、心の中で次のように念じました。「私の内なる神の精神は全知にましまして、この問題も神的秩序の中で処理してくださっています」と。彼女は私にこうも言いました。「この問題がどうして、またいつ、どこで、どのような方法で解決するのだろうかなどということについて、私はもう心の内なる神の精神にうるさく問いかけることはやめております。わたくしは手放し、神に引き受けてもらったのです」と。

彼女が新しい精神的態度をとるようになったため起こった結果は面白いものでした。この訴訟事件で最大の敵だった人がある晩、眠っているうちに死んだので、他の人たちは直ちに示談を求めてきたのです。神の手による調整があったのでした。そして彼女は法的な面倒から全く解放されたのです。

あなたの未来はすばらしいものでありうる

昔の憤《いきどお》りや恨みや悲しみについてあれこれ考えて、あなたのエネルギーや生命源を浪費してはいけません。そんなことをするのは墓をあばくようなものです。中にあるのは骸骨ばかりです。あなたの注意を人生のよきものの上に集中させなさい。そして未来はすばらしいものになると実感しなさい。というのは、あなたの現在の調和的な考えが芽を出し、成長して、健康や幸福や豊富や心の平和といったすばらしい果実をもたらすだろうということをあなたは知っておられるはずなのですから。

過去を水に流しなさい。そして過去に起こったマイナスの体験や精神的なショックには、いっさい心の中で触れてはいけません。いつまでもこういう精神的態度を取り続けてください。そしてあなたの現在の考えを変え、変えたままもとにもどさないでおくならば、あなたは自分の運命を変えられるのだということを悟ってください。

科学的な祈りの富を発見した母親

十八歳の息子が父親と口論したあげく家出したというので、その母親はすっかり取り乱して興奮していました。その少年は大学をやめてヒッピー仲間に入ったのです。この母親は精神病のようになってしまったので、彼女の心と身体を安静にするため、医者が強い鎮静剤を処方しなければなりませんでした。彼女と話している間に私は、簡単な真理をいくつか指摘してやりました。たとえば次のようなものです。「あなたは自分の息子を所有しているのではありません。息子さんはあなたを通じて生まれたのであって、あなたによって生まれたのではありません。生命の原理が万物の創造者です。われわれはみんな一人の父、すなわち作られずして生じた精神の子なのです。あなたの子が地上に生を受けたのは、成長し発展し困難や挑戦や問題にうちかち、そうすることによって自己の内なる力を発見し、自分の才能を世界に向かって解き放つためなのです。あなたが心を興奮させ、怒り、恨んでみたところで、息子さんはどうにもなるものではありません。」

私のすすめに従って彼女は自分の息子を完全にきれいさっぱり手放すことに決心しました。彼女は次のように念じました。「私は息子を完全に神に手放してやります。彼はすべての点において神の手によって導かれ、神の知恵が彼の知性を祝福します。神の法と秩序が彼の生活を支配します。彼は自分の落ち着くべき所に導かれ、自分を最高度に発揮します。」

彼女はこの祈りをいつまでも捨てず、毎日、平和と調和と神の愛を自分のために念じました。何週間かの後、彼の息子は大学にもどり、前に出入りした場所には行かなくなり、今ではちゃんと学業に励んでおります。彼は両親のどちらとも文通しておりますが、彼の母のほうにはもはや息子を一人占めしようというような気持ちはありません。彼女は神の愛と自由の富を発見しているのです。

この婦人は環境とか条件とかいうような外的見地から考えることをやめました。彼女はかの内的見地から考え始めたのです。この内的見地には環境などというものはありません。それで彼女はこの見地から、神の法則と秩序にふさわしい条件を念ずることができたのです。そうしてから、彼女は潜在意識にその問題の解決をまかせたのでした。

豊かに考える法

規則的に、また正しい方法で、大生命、啓示、霊感、調和、繁栄、幸福、平和、より豊かな生活を考えてください。この真理があれこれの状態で示されたものよりも、これらの真理そのものを考えてください。あなたの瞑想しているこれらの考えはすべて、あなたの特定のケースにもっとも適合した形で実現するように、潜在意識が働いてくれるのだということを信じてください。これこそより豊かな生活にはいるすばらしい道であります。

◆信念の力を得るための黙想

次の黙想を行なえば、信念の力を確保する助けとなります。

「『信念ある祈りは病める者を救い、彼を立たしめるであろう。』昨日の否定はどのようであろうとも、私の祈り、すなわち真理の肯定は、今日それに立派に打ち勝つことを知っています。私は叶えられた祈りの喜びをしっかりと見つめます。私は一日中光の中を歩きます。」

「今日は神の日です。今日は平和と調和と喜びに満ちていて、私にとってはすばらしい日です。私は善を信じます。それは私の心に書かれており、私の内部で感じられます。私の欲求の刻印を今すぐ受け入れて、私の心の欲するよきものすべてを必ず私が体験できるようにしてくれるものと完全なる法則があることを私は絶対に確信しております。私は今や心から私の内なる神の力と精神を信じ、それに頼みます。」

「私は平和であります。私は無限なる者の客《ゲスト》であり、神が私の主人《ホスト》であることを知っています。聖なる者が私を招いて『汝ら労する者よ、すべてわれのもとに来たれ。われは汝らに休息を与えん』と言っているのが聞えてきます。私は神を信頼し、万事がうまくゆきます。」

本章の要約――記憶してください

(1) 信ずることは何かを真実として受け入れることです。信念のあるかないかが成功と失敗、富裕と貧困、健康と病気の差となるのです。あなたの潜在意識の中にある無限の力の富を信じなさい。そうすればあなたはその富を経験するでしょう。

(2) あなたがひどく困った状態にある時、誰か重病の人とか、ひどく困っている人のために祈ってあげることによって、その緊張を解きなさい。そうすれば突如としてあなたは自分自身の問題が解決していることに気づかれるでしょう。

(3) 愛する人のために祈る時は、その病気とか身体の一部と同一化しないようにしなさい。無限の治癒力ある精神は調和、健康、平和、喜びとして、愛する者を通して流れているのだということを悟りなさい。愛する人が輝くばかりの幸せでいるところを、心に描きなさい。これらの真理について静かに黙想し、またそうしたい気持ちになったら祈りを繰り返しなさい。あなたがこのように祈ると奇跡が起こります。

(4)「共感」というのは他人と共に泥沼に落ちこむことを意味します。また、そうしてもその病人を助けることになりません。「同情」を持って病める人に信念と自信と愛情の輸血をしてあげなさい。神にとってはすべてのことが可能なのであると知って、これをやってください。

(5)あなたの考えには創造する力があります。そしてその考えを実現する性質があります。あなたは自分の車を運転するのと同じように、自分の考えの方向をきめ、操縦することができます。考えはものです。あなたが富や成功や達成について描く考えやイメージは、その考えやイメージに相応するものすべてをあなたにひきつける磁石であります。

(6)静かな心が事をなします。あなたの身体に静かになるように命じ、あなたの潜在意識の無限の知性を考えることによって心を静めてください。あなたの潜在意識はその答を知っているのですから。あなたの意識する心が平静であなたの身体がくつろいでいる時、あなたの潜在意識の知恵は心の表面に出てくるでしょう。

(7)立派な使用者は権限の委譲の仕方を心得ている人です。あなたが自分の精神を用いている時は立派な使用者でなければなりません。あなたの要求を潜在意識に信念と信頼をもって任せてください。そうすればあなたは適切な応答を得られるでしょう。あなたが要求をほんとうに引き渡した時は、心が平和になるのでわかります。

(8)あなたは煙草でも何でも悪い習慣をやめることができます。それは自由と心の平和を念ずると同時に、友人とか医者があなたの獲得した悪癖からの自由を祝福しているところを想像すればよいのです。煙草に対する嫌悪感をあなたが確認し、心に描きますと、潜在意識はそれを受け取って、否応なしにその習慣からあなたを自由にしてしまいます。

(9) 神的英知と知性がみんなのために最善の解決策をもたらすものだと信じて、さしせまった家庭内の問題を神なる精神にゆだねたのは賢明だったということを、多くの人が発見しております。その際の祈りは「私は手放し神に引き受けてもらう」というのですが、これは完全な解答をもたらします。

(10) 過去のことは水に流して、昔の悲しみや恨みをいつまでも考えることは絶対にしてはいけません。未来とはあなたが現在考えていることが実現されたものなのです。調和と美と愛と平和と豊富について規則的に、また正しいやり方で考えてください。そうすればあなたはすばらしい未来を持つでしょう。

(11) 息子が腹を立てて家出したら次のように祈りなさい。「私は息子を完全に神に解放してやります。彼はすべての点で神によって導かれ、神の愛が彼の面倒を見てくれます」と。あなたが家出した息子のことを考えるたびに「神は彼を愛し、彼の世話をしてくれるのだ」と確信しつつ、静かに彼を祝福してあげなさい。あなたがこうしていますと、起こることはすべて悪いようになりません。

(12) あなたの潜在意識の中にある無限の富について考えてください。調和、平和、喜び、愛、導き、適切な行為、成功などについて考えてください。これらはすべて生命の原理であり、あなたが人生について、より豊かに考えると、あなたは自分の中にある潜在能力を活性化することになるのです。あなたの潜在意識は、すぐさまここで、豊かな生活を実現せざるをえないようにあなたをしむけてしまうのです。考えはものです。

(13) 偉大な信念の力を自力で確保できるように、本章の終りにある「黙想」を利用してください。

第3章　富める者はどうして更に富むのか
——どうしたらあなたもその仲間入りができるか

聖書に「われわれにすべての物を豊富に享受させせ拾う神」（第一チモテオ書　六・一七）という言葉があります。富はあなたの心から出てくるものなのです。あなたの中には指導原理があって、それがあなたの心の願望を実現するようにとあなたを導いてゆくことができるのです。富とは意識の状態であり、心的態度であり、無限なる者の富を受け入れることです。あなたが生まれた時、全世界は既にあったのです。生命はあなたへの贈物です。実際のあなたは生計を立てるだけのために、この世に生まれてきたのではありません。というのは生命自体があなたに対する贈物だからです。あなたは生命を表現し、あなたのかくされた才能を世界に解放するためにこの世にいるのです。

あなたの潜在意識を利用するノー・ハウを手に入れられるならば、あなたは一生の間、健康であれ、心の平和であれ、真の自己実現であれ、仲間であれ、よい家であれ、やりたいことをやりたい時にやるだけのお金であれ、どんなものにも不足することはけっしてないでしょう。富裕になるための無限の力をあなたは持っているのですが、その無限の力に至る潜在意識の鍵は、あなた自身の考えなのです（『眠りながら成功する』産業能率大学出版部刊を参照してください）。あなたの考えることには物を作り出す力があるのです！　成功、達成、勝利、豊富、よい生活のことを、規則的にまた正しい方法で考えることを始めてください。

心に描くイメージが富であることを発見した女性

数年前、私は「イベリア半島の旅」に参加して、スペインやポルトガルの多くの場所を訪問しました。この旅行では約三十人の人がいっしょでした。スペインのサラマンカで私と話し合った婦人は、自分の先祖がマラガ出身なので前からいつもスペインを訪ねたいと思っていたと私に言いました。このマラガもわれわれは訪問しました。彼女は旅行に必要なお金を持っていなかったのですが、彼女は『あなたも金持になれる』（和田次郎訳・産業能率大学出版部刊）を読んでいたのです。そして彼女は、われわれがこれから訪問する予定の有名な寺院や都市の案内書や写真を全部持っていました。彼女の用いたテクニックはとても面白いものでした。それは次のようなものです。

毎晩、眠りにつく前に彼女はマガラ・プラシオ・ホテルに心を集中しました（そしてその絵は彼女の持っている案内書にもありました）。それから彼女は自分が実際にそのホテルに宿泊して、美しい周囲の景色を窓から眺めているところを想像することにしました。彼女は約五晩このやり方を実行しました。彼女の勤めている会社の若い男の社員の一人が、たまたま自分もその旅行に行くところだと言ったので、二人はお互いに関心を持つようになりました。そして旅行に行く前に婚約したのです。その男性は婚約プレゼントとして彼女の費用を全部払ってくれました。

この出来事はあなたの潜在意識の働き方をよく示しています。潜在意識はいつもあなたがそこに預け入れたものを拡大します。この女性は旅行という贈物を受けただけでなく、おまけに結婚の申し込みと二千ドルの婚約指輪をもらったのです。あなたの潜在意識はあなたに複利をつけて支払ってくれます。そしてあなたが自分の潜在意識に預金したものは何でも、極度に拡大され増加されるのです。彼女が頭に描いたイメージは、すべての富がどこにあるかということを彼女に示してくれたわけです。

増大の法則を呼び起こした男の話

前節で述べた「イベリヤ半島の旅」で私はセビラの町を尋ねました。この町はスペインのどの町にもまして、ほんとうのスペインを現わしております。この町にはフェニキヤ人、ローマ人、ムーア人がそれぞれ自分たちの跡を残しておりますが、ここに住む五十万以上の市民たちは、この豊かな歴史の上に生きているわけです。この町の大学は一五〇二年に設立されました。そしてセビラは世界的に偉大な画家を二人も、すなわちムリロとベラスケスとを生んでおります。

私たちのガイドの一人とホテルで話しているうち、私は彼が十四歳の時にニューヨークを去ったことを知りました。彼は自分の先祖の町セビラに帰りいろいろな言葉を学び、ヨーロッパ中を旅行しながらツーリストのために通訳したいという強い願望を持つようになったというのです。彼は潜在意識の働き方を自覚的には知らなかったのですが、簡単な方法で自分の潜在意識の力を呼び起こしたわけです。彼のやった方法は次のようなものでした。

彼は一枚の紙の上に自分のやりたいことを書き並べました。すなわちセビラに勉強に行き、アルバイトをしながらスペイン語とフランス語とドイツ語の会話を学ぼうという内容のものです。彼は一日何度もこのことを肯定しました。彼の言葉によれば、最も驚くべきことが彼の十四回目の誕生日に起こったというのです。ボストンにいる彼の伯母さんが彼の父（すなわちその弟）に手紙をよこして、親類の者を訪ねにセビラに行くのだが、彼をその旅行にいっしょに連れて行ってもよいか、と聞いてきたのです。このようにしてセビラに一週間いる間に、彼女は彼が大学で教育を受けるための費用と生活費を全部出してあげることに同意して、彼の父の許可も得たのでした。

このガイドが絶えず唱えた祈りは、「天の神はわれらを栄えしめ給う」（ネミア書　二・二〇）です。彼は紙に書き出した自分の願い事を絶えず考えることによって、それを自分の潜在意識に刻むことに成功したのです。彼の潜在意識は反応し、その独特の方法で彼の願いを実現させたのでした。

自分の心の状態に従う法

「主は貧者をつくり、また富者を作り給う。主は引き下げ、また高く挙げるのである」（第一サミエル書　二・七）。ここにある「主」というのは、あなたの潜在意識の主のごとく尊厳なる力のことであり、これはまた「事を成就させる内なる父」とも呼ばれます。あなたの「主」はあなたの思考を支配しているものです。あなたの中で支配的な確信が、「私は健康、富、真の自己実現、豊かな生活など、人生のよきもののすべてを享受する資格がある」ということであれば、あなたはそのとおりのことを実際に体験なさるでしょう。

これに反して、「自分は貧乏に生まれついているので、人生のよきものとは無縁である」と感じているならば、あなたは自分を自分で、困窮、欠乏、挫折、自ら招いた束縛などの状態につき落していることになるのです。

あなたの考えは力を持っているのだということを忘れないでください。それには創造する力があります。あなたが考えることは何でも、もしそれがより強烈な別の考えによって中和されないかぎり実現する性質を持っております。この世の中のよき物を人より以上に享受している男女はすべて、富裕意識を持ち、最善を喜んで期待しているということがわかっています。あなたが期待することは何でも、あなたの心の法則に従っているのです。常によき物が増加することを考え、その考えを大切に育て、それを維持し続けますと、その人は人生の富を人よりも多く自分に引きつけます。これに反して減少、欠乏、不自由などばかりを考えている人は損失を拡大します。あなたの潜在意識の法則は、そこに植えつけられた考えはどんなものでも、それを増大するのです。否定的ことを考える人の体験は、ますます損失を引きつけるでしょう。

増大の法則の実践を始めなさい

あなたが特別な注意を向けることは何でも、あなたの人生の中で成長し拡大する性質があるということを忘れないでください。「注意を向ける」ということが人生の鍵です。すべての面において増加のことを考えてください。自分は成功し、繁栄しているのだと感ずるようにしてください。というのは、富裕感が富裕を生み出すのですから。あなたが個人のために富や幸福の増加を願うことは、とりもなおさず自分自身のために更に大なる神の富を引きつけているのだということを理解されて、あなたの周囲の人にも成功と幸福と富裕を祈ることを忘れないでください。あなたが他人に向かって豊富と富の考えを放射しますと、その人たちはあなたの考えを潜在意識的に受け入れて、あなたから放射される富裕と豊富の感情によって利益を受けるでしょう。

あなたは出会う人すべてに、心の中で次のような祝福を与えることができます。「神はあなたにすべてものを豊かに享受するようにし給うたのであり、あなたは夢にも思わなかったほどの繁栄を与えられるのだ」と。この簡単な祈りは、あなたの人生において奇跡を起こすでしょう。

仕事や職業の上で増加の法則をいかに利用するか

富や成功や繁栄や健康を考えると、あなたが注意を集中したこういう好ましい条件やら状況が作り出されるのだという悟りを、静かに、愛情と感情をこめて持つようになってください。こうすることはあなたの成功に必要なすべての条件をあなたが自動的に作り出していることになるのです。それだけでなく、こうすることはお客さんや友人や仲間になるような人や、あなたの夢の実現を助けてくれる人をますます多く引きつけていることなのだということに気づかれることでしょう。また、あなたは神の富を意識して生きている男女を、自分のところに潜在意識的に引きつけるのです。

少し前のことですが、ビバリー・ヒルズ（訳者注・アメリカの金持ちが住んでいる地域）にいるビジネスマンが、いかにして自分がすばらしい成功を収めたか、またなぜお客さんの間での評判も上々であるか、その秘密を私に打ち明けてくれました。毎朝彼が店を開く時、彼は「この店に入る人は誰でもあらゆる面で祝福され繁栄せしめられ、霊感を与えられ、また富まされるのだ」と念ずるのです。「あなたはまた、あることを念ずれば、そのことはあなたに成就されるであろう。そして光があなたの道を照らすであろう」（ヨブ記　二二・二八）という真理をこのビジネスマンは知っていたのです。

富める人はなぜ貧しい人の手に入らぬ家を与えられるのか

私の近所に住むある男の妻が、絶えず夫に向かって、不景気とか損失とか破産とかについて口にすることをやめるように言い続けていました。しかしながら彼女の言うことには、彼女の夫は破産とか自分の家を失うことなどを頭に描くことをどうしてもやめようとせず、絶えず次のように言い続けているというのでした。「抵当の金が払えないから、われわれの家は取られてしまう。うちはもう破産することはわかっている。商売はうまくゆかないし、おれに物事がうまくいったためしはないんだ」などの愚痴ばかりこぼしているのでした。彼は絶えず窮乏や破産や不景気を口にしました。そして望ましくない結果を体験することになったのです。彼の家は抵当流れになり、彼は破産しました。成功し繁栄している近所の人はこの家を雀の涙ほどの金で金融会社から買いました。またこの金持ちは空店になった店を手に入れすばらしく繁栄しております。

金持ちが更に豊かになり、貧しい人間は更に貧しくなるのは、こうしたわけからなのです。ヨブは「私が大いに怖れていたことが私にふりかかった」（ヨブ記　三・二五）と言いました。心の法則は良いもの、とても良いものです。いつも損失、窮乏、破産、失敗を考えているくせに、繁栄や成功を期待するわけにはいきません。成功と繁栄を意識しながら歩み、そして富というものを自分が呼吸する空気のようなものと見なしている金持ちが、貧乏の人の持っていた商売も家も手に入れるのです。あなたは悪いことを考えながら良い結果を得ることはできません。それはちょうど、良いことを考えて悪い結果を得ることができないと同様です。あなたの心の法則は完全です。それはその上に刻印されたものを外界に実現するのです。貧乏人というのは自分の心の富を操作し解放する方法を知らない人を指す言葉なのですが、こういう貧乏人でも、いつでも自分の欲する時に富裕の法則を実践することができ、そしてまた富やら成功やら、あらゆる種類の福禄を自分に引きつけることができます。

富裕の法則を知ることの報酬

オレンジがどういうものかわかるためには、それを食べて味わってみればよいわけです。それと同じように富裕の法則を使ってみれば、あなたの潜在意識の富がどんなものであるかわかります。ある実業家は私に、「供給源は私の中にあって、潜在意識の無限の富の持つ限りのない資産に信頼をおくと、その信頼に応えてくれるのです」と語りました。毎朝毎晩彼が唱える祈りは次のようなものです。「私は神の富に常に感謝しております。それは常に活発で、常に現出し、不変であります。」この実業家は、自分の企業を運営したり新しい部門に進出したりするのに必要な金に困ったことは一度もありません。

真理に耳を傾ければ窮乏することはない

無限の精神、あらゆる天恵の源、世界とその中にあるものすべては、あなたの内にあります。あなたが所有しているものは宇宙の中には何もありません。神、あるいは精神がすべてを所有しているのです。あなたは神の下僕《しもべ》であり、あなたがこの世に生まれてきたのは、あなたがこの世の中に持つ財産を取り扱う時に神の知恵を念じ、賢明に、聡明に、また建設的にこの世の富を使用するためなのです。あなたが死ぬ時は、地上の富は何一つとして持って行けません。持って行けるのはただ、あなたが自分の潜在意識の中に植えこんでおいた知恵と真理と美だけです。あなたの力の源である神は善にして喜びであるということをあなたが信じ、信頼すること、これこそあなたが死後の世界に持って行ける真の富です。これこそ天の宝、つまりあなたの心なのです。

われわれが今住んでいるこの三次元の地球においては、全世界はあなたがそれを享受するためにあるのだということを悟ってください。千もの丘の上にいる牛はあなたのです。小鳥の鳴き声もあなたのものです。あなたは空の星、朝露、日の出と日没などを享受できます。あなたは自分の目を丘に、山に、また谷に向けることができます。またあなたはバラの甘い香や、刈ったばかりの草の香を嗅ぐことができます。地中や空や海にあるすべての富はあなたのものです。熱帯には全人類を養うに足るほどの果実が腐っております。自然は豊かで物惜しみせず、贅沢で、実際無駄が多いのです。

あなたが充実した幸福な人生を送るのは、神の意図でもあり意志でもあります。あなたは美しい家に住み、贅沢ずくめの生活をすべきなのです。あなたは美しい着物を着て、絶えず神のために粧《よそお》い、かの無限なる者の限りなき、口で言い尽くせぬ美と秩序と均整と調和を思い起こすべきです。あなたの必要とするお金はいつも潤沢にあなたの生活を循環し、あなたがしたい時にしたい事ができるようであるべきなのです。あなたの子供たちは美しい環境の中で、美しく神のような雰囲気の中で育てられるべきです。またあなたの子供たちは自分自身の意識の中にある無限の富について教えられるべきです。そして潜在意識の富を利用することができるようになったあなたの子供たちは、どんなよいことにも欠乏することはないでしょう。

無限の供給源から引き出す法

あなたの潜在意識の中にある無限の供給源を認めて、それからあらゆる点において富裕と増大の偉大な法則を呼び起こしてください。それは次のように唱えればよいのです。

「それがエネルギーであろうと、活力であろうと、創造的アイデアであろうと、霊感であろうと、愛であろうと、平和であろうと、適切な行為であろうと、私の必要とする富であろうと、神こそが私の供給源です。私の潜在意識の創造力にとって、これらのすべてのことを実現するのは草の葉を生やすのと同じぐらい容易であることを知っています。私は今、すばらしい健康、調和、美、適切な行為、豊かな繁栄など、潜在意識の豊かな富のすべてを精神的に私有し、それを経験しております。私は毎日より良いサービスをしております。神の富が永久に私の体験の中に流れ込んできています。そして常に神的余剰があります。これらの考えはすべて私の潜在意識の中に沈み込んでいっています。そしてこれは今や富裕、安全、心の安らぎとして現われてきております。すばらしいことです。」

あなたが自分の潜在意識に種を播けば、描いたと同じ種類のものを収穫することになりましょう。聖書にもこう言っております。「荒野も僻地もそのために喜ぶであろう。そして砂漠も喜びバラのごとく花咲くことであろう」（イザヤ書　三五・一）。

◆豊かな生活を得るための毎日の黙想

次の黙想を毎日繰り返しますと、豊かな生活がより早く、より容易にあなたのものになるでしょう。

「『野の百合を考えなさい。それは働くことも紡《つむ》ぐこともありません。しかしソロモンの栄華の極みの時にも、この百合の一つにも及びませんでした。』神が私をすべての面において繁栄させてくださっていることを私は知っております。私は今、豊かな生活を送っております。それは、私が豊かさの神を信じているからです。

私の美や豊かな暮しや進歩や平和のためになるものは、何でも供給されております。私は毎日、私の内なる神の精神の結果を体験しております。私は今、私のよき物を受け容れます。私はすべてのよき物は私のものという光に照らされて歩みます。私は平和で平静で平穏で静かです。私は生命の根源と一体です。私の必要とするものはすべて、どの時点においても、どの地点においても満たされます。

私は今『すべての空《から》の器《うつわ》』を内なる『父』に持っていきます。神の充満性は私の人生のすべての面に顕現せしめられております。『父のもつ物はすべてわが物なり。』私はこのことを喜びます。」

本章の要約――記憶してください

（1）富を意識し、遍在なる神の富をよりいっそう強く期待することは、こういう心の状態でいる人に富や健康や好機をますます多く引きつけるものです。この簡単な理由のために、富める者はますます富むのです。

（2）富を心に描くことは富を生み出します。旅行を心に描くことは旅行する機会を生み出します。ある若い女性はスペインのホテルにいるところを想像し、そこに滞在しているように感じはじめたら、彼女の潜在意識がその道を開いて、彼女が刻印した旅行を拡大し、おまけに婚約者と二千ドルもするダイヤモンドの指輪を付け加えてくれたのです。あなたの潜在意識はいつも拡大します。

（3）十四歳の少年が自分の願望を紙に書き記しました。それはスペインの大学に留学して語学を学び、旅行し、ツーリストのためのガイドや通訳として有名になりたいという内容のものでした。彼は自分が書いたものについて考え続けました。そして自分の要求を自己の内なる生命の書（彼の潜在意識）に書きこむことに成功しました。彼の潜在意識の英和は彼の伯母さんに働きかけ、彼の願望は成就したのです。

（4）あなたの周囲をとりまく神の富を意識するようになりなさい。最善のものを心楽しく期待しながら生きてください。そうすれば牽引《けんいん》の法則によって、あなたは自分の潜在意識の中にある無尽蔵の宝庫の富を引きつけることでしょう。あらゆる面における繁栄、豊富、安全、増加を考え続けましょう。

（5）あなたが注意を向けられるものは何でも成長し、拡大し、増大した形であなたに体験されます。美しきもの、評判よきものは何であれ、それにあなたの注意を注ぎ続けなさい。豊かさ、善意、富などを他の人にも放射してやりなさい。そうされた人はそれを潜在意識的に受けとめ、その結果あなたはすばらしい人々を自身の人生の中に引き入れることになります。彼らも栄え、あなたもまた栄えるでしょう。

（6）豊かな人は、富というものが自分の呼吸する空気でもあるかのような精神的態度で闊歩しております。そしてこういう心的態度を持っているものですから、あらゆる種類の富をますます多く引きつけるのです。絶えず窮乏とか破産とか不景気とかを頭に描き、それを口にしている貧乏人は自分の家を失い仕事を失います．そして隣の金持ちがそれを二束三文で買うということがよくあります。

（7）次のような祈りを繰り返し唱えそれを信ずることによって、あなたは自分の内なる無尽蔵の富を知るようになることができます。「私は神の富に対していつも感謝しております。それは常に活発で、常に顕現し、不変であり永遠です。」

（8）この章の終りにある「黙想」を繰り返すことによって、豊かな生活をしっかり握りしめる力を強めてください。

第4章　無限の富に対するあなたの権利を今、主張する法

数年前の五月、私はアイルランド、イギリス、スイスへと旅行しましたが、キラネーに滞在中、私は親類を訪ねました。キラネーは世界的景勝地の一つであると付け加えておいてもよいでしょう。詩人や画家や作家たちがこの山と湖のお伽ぎの国のように荘大な色彩や形を伝えようと、それぞれの方法で努力しております。ここの湖はカバ、カシ、イワナシなどの鬱蒼《うっそう》たる森で囲まれております。

私の親類の者が彼の娘の苦しみの話を語り出したのも、この美しい田舎の風光の中においてでした。メアリー（これは実名ではありません）は急に体重が減ってきました。しかも両親からむりやりすすめられないと食事をとらないのです。そこのお医者さんは肝油やビタミン類の注射をやってくれていましたが、これはどうもなおりそうのない病気だと言いました。メアリーは精神医に診てもらうためにダブリンに連れて行かれたのですが、医者と口をきこうとしませんでした。彼女の父は非常に心配していましたが、また一方、娘に対して非常に批判的でした。

私はメアリーと三度会ったのですが、三度目の時、単刀直入にこう聞きました。「メアリー、お父さんがおまえよりも弟のほうを好きだとか、弟のほうをよりかわいがるというので、お父さんに何かの形で復讐とか仕返しをしてやろうとしているというのは、ほんとうかね」と。彼

女は突然こう口ばしりました。「そうなのよ。私はお父さんが憎いの。お父さんは弟のあらさがしはけっしてしないのに、いつも私を批判してばかりいるんですもの。私はお父さんに気の毒な思いをさせてやりたいの。」私は彼女にこう指摘してやりました。「おまえは緩慢な自殺をやっているのだよ。それはおまえの宗教的信仰と全く反対のことだ。おまえの身体は生ける神の神殿であり、おまえがこの世に生まれてきたのは充実した、幸福な、そして豊かな生活を送るためなんだよ。」私は更にこう付け加えました。「おまえは永遠に至る身体を持っているのだから、今この身体を破壊したところで何の問題の解決にもならないし、おそらくそのため長い間地に縛りつけられ、困惑と昏迷の中をさまようことになるのだよ」と。

こう説明すると、彼女はびっくりして泣きはじめ、ポロポロ涙をこぼしながらひどい言葉で父親の悪口を言い始めました。

父が助けにやってきた

メアリーの父と私はその娘の問題を話し合いました。すると彼はくずれふすようにして泣き、彼はいつも男の子が欲しかったのでメアリーには少しも愛情を示したことがなかったということを認めました。メアリーの母は彼女が生まれた時に死んだのでした。彼は娘に詫び、許しを乞いました。そして彼女をかわいがり、認め、そしてやさしくしてやることを約束しました。実際のところ、この娘が求めていたのは愛なのです。彼女は欲しがられ、愛され、大事にされ、そして必要な者にされたがっていたのです。この父親が自分の娘に対する本当の愛を放出し、それを肯定した時、彼は実際には無限なる者の富を注ぎ出していたのです。そして、この無限なる者こそ真の愛なのです。

メアリーは静かに心の中でこう言い続けていたわけです。「私は餓えて死ななければならない気がする。誰も愛してくれる人はいない。こうすればお父さんだって私のことを思ってくれるだろう」と。しかし今やお父さんの態度が変わったので、彼女は思う存分に泣き、腹いっぱい昼食をとりました。

愛は解放者であり、供与者であり、神の御心であります。愛は牢獄の戸を開いて、とらわれた人たち、怖れや恨みや敵意などで束縛されている人たちみんなを自由にするのです。

メアリーの人生を変えた祈り

「私の肉体は神の住む神殿であることを私は知っています。私は自分の内におわします神をうやまい、またたたえます。神の愛は私の魂を満たし、神の平和の河は常時、私の魂と心を貫いて流れます。私は自分のとる食物が美と調和と完全と完成に変化してゆくことを知っていますので、それを喜んで食べます、私は神が今の私を必要としていることを知っております。そして私は神の手によって表現されています。私は父をはじめみんなに愛され、必要とされ、欲しがられ、認められています。私はいつでもみんなに愛と平和と善意を放射します。私の食べ物と飲み物は神の御心であり、それは私の内で展開し、私を強く、健康に、また神のエネルギーで満ちた者にしてくれます。」

メアリーは今では一日数回、これらの真理で自分の潜在意識を満たしております。この前、彼女からの私に来た手紙によると、彼女はその土地の非常に豊かな人と結婚するところだそうで、新しい生活と内なる喜びとであふれんばかりの文面でした。彼女はほんとうに無限なる者の富を、愛、結婚、内なる平和、豊富として体験したのです。

強力な信念の富

前に述べたヨーロッパ旅行中、私はアイルランド人の運転手にグレンダロッホ、つまり「二つの湖の谷」に連れて行ってくれるようにと頼みました。ここは歴史的にも、また考古学的にも有名なところです。六世紀にこの地を選んで聖ケビンが修道院を建て、その聖堂にはいろいろな病気の治癒を願う人たちが多数訪れます。

彼は物心がついた頃からひどい吃音症で、学校でも「どもさん」とあだ名をつけられていました、と私に語りました。彼はダブリンやコーク・シティの言語矯正医や心理学者に連れて行かれたのですが、効果はありませんでした。彼の言うところによると、彼の父は、絶望のあまり彼をグレンダロッホに連れて行き、聖ケビンが眠ったと信じられている庵室に入れました。そして「ここで一時間眠ればお前はなおるだろう」と彼に言ったというのです。

「私は父を信じ、その言いつけに従いました。私が一時間の眠りから醒めてみると、私はなおっていました。そしてその日以来（それは二十年前のことですが）、私はしゃべる時に一度もつっかえたりどもったりしたことはないのです」とその運転手は語りました。

彼が治ったほんとうの理由

私は、この青年の盲目的信仰を乱すようなことは言いませんでした。それは簡単に彼の潜在意識を活性化し、解き放ったのですから。この青年は八歳か九歳の少年の時、非常に感受性が強い性質だったのです。彼の想像力には火がつけられ、聖ケビンが彼のために奇跡の仲だちをしてくれるだろうという彼の期待は、疑いもなく百パーセントの信念になったのでした。彼が信ずるごとく彼になされたのです。

治癒する力のあるものは唯《ただ》一つありますが、それはあなたの潜在意識の中にある無限の治癒者です。

真の信仰の富と盲信の違い

真の信仰とは、要するに、あなたを一個の細胞から作り出した無限なる者は、あなたの肉体のすべての過程や機能を知っており、あなたを癒す方法も知っている、ということを知ることです。あなたが意識的に自分の潜在意識の治癒力に調和し、それがあなたに応えてくれることを知り、かつ信ずる時、あなたは結果を得ます。別の言葉で言えば、あなたの顕在意識と潜在意識を連結して用い、ある特定の目的のために科学的に向けてやるということです。

盲信とは、お守りや魔よけや護符や聖人の骨や、ある種の霊地や水などに治癒力があると信ずることです。別の言葉で言えば、それは理解なき信仰であり、その治癒的価値も一時的なものにすぎない場合が多いのです。

私は病気の人々に医者にかかることをすすめますし、また自分のためでなく、その医者のためにも祈り続けることをすすめます。

その理由は次のとおりです。

「あなたは医者に助けてもらうのですから、それにふさわしい尊敬の念で医者をうやまいなさい。というのは主が医師を造り給うたからです。というのは至高なる者より治癒はきたるものであり、医師は王者の名誉を受けるであろう……主は大地より薬を造り給うたのであり、賢者は薬を忌避しないのである……自分の驚異的な仕事がたたえられるようにと彼は人々に技術を与えたのであった……。

わが息子よ、病める時には主に祈ることを怠ってはいけない。そうすれば主はお前を癒し給うであろう……それから医者にかかりなさい。というのは主は医師をも造り給うたからである。医師をお前から離れせしめてはいけない。お前は彼を必要としているのだから。彼らの手によってうまく成功することがある。何となれば彼らもまた、自分らが痛みを柔らげ、生命を長びかせる治療を与えてやった者を主が栄えしめ給うことを祈念するからである（経外典　三八・一および二）。」

あなたが健康を祈ったら、健康がすみやかに躍《おど》り出てくるようであるべきです。もしそうでなかったら、すぐに行動を起こして、かかりつけのお医者さんとか、歯科医とか、指圧師とか、外科医とか、最も適当と思われる人のところに行かねばなりません。もしあなたが常に神の愛と平和の意識の中に歩んでおられたならば、けっして病気にはならなかったであろうということを忘れないでください。あなたが歯をはやすことができないならば、すぐに歯科医に行き、神がその歯科医を導いてくださるよう、また神の法と秩序があなたの人生を支配するようにと祈ることをおすすめします。そうすればあなたは新しい義歯に満足なさることでしょう。

無限なる者の治療する富を経験できなかった理由

ウォーターフォードの友人がウォーターフォード・ガラス会社の見物を手配してくれました。ここの会社のガラスは伝説的なほど有名です。私は熟練工たちがクリスタル・ガラスを作っているところを見ました。ウォーターフォード・ガラスの原料が花開くように深まり、輝くのでした。職人の一人が光線をカット・クリスタルに当てました。するとまことにすばらしい切り子面、ダイヤ形、縦みぞ、卵形などが、えも言われぬ多様な美をなして輝き出しました。

しかしここで私が申したいことは、私の友人は足が悪く、杖をつき、歩くのにたいへん苦労をしていたということです。私は彼に、医者にかかっているかどうか尋ねました。彼は「かかっているよ」と答え、「コーチゾンをもっているし、鎮痛剤も飲んでいる」と言いました。それから彼は次のような質問をしました。「私がスコットランドに行った時、何百人もの人が私も参加した教会の治癒の集いに出席していた。その際に何人かの足の悪い人が松葉杖を投げ出して歩き、またある人は耳がはじめて聞こえるようになったと言った。また治癒者が私に触れると私は身体中に強い震《ふる》えを感じ、痛みも感ぜず、杖も使わずにはじめて歩くことができた。しかし翌日になると私は前と同じように足が悪かった。これはどうしたわけだろうか。」

それは一時的な感情的治癒であった

私は、彼に次のように説明してやりました。「いわゆる『治癒者《ヒーラー》』がその手を君の上におき、足をさすったり、君を治すようにキリストに呼びかけたりしながら、それと同時に、『あなたは癒されたから歩くことができる』と言うわけだね。その場合、明りが輝き、讃美歌がうたわれ、その集会には大ぜいの人から生まれる情緒ヒステリーがあるわけだ。そういうところでは疑いもなく、君の潜在意識の深いところから生じた感情が、一時的に、杖なしで歩く力を君に与えたのだ。同時にメスメリズム、すなわち催眠的暗示が二十四時間君を苦痛から解放したのだ。潜在意識に対する催眠暗示は一時的効果を持つに過ぎない。これが君の体験したところの真相なのだ」と。

回復への道

この友人は、自分がまだ病患の原因に到達していなかったのだということに気づきました。彼は真の恒久的治癒力は、人を許すこと、愛すること、すべての人に善意をもつこと、精神的洞察を持つことによって生ずるのであり、これこそ真の治癒力であることを理解し始めました。彼は自分が多くの人に対して敵意や、罪悪感や怒りや、憎悪をにえたたせていることを認めました。そして自分の破壊的な感情が自分の現在の病気を悪くしているのだと悟り始めました。

私は彼に、医者と協力し、医者のために祈り、また医者を祝福してやるようにすすめました。彼もそうすることを約束しました。

関節炎の友人を助けている祈り

私が彼のために書いてあげた祈りは次のようなものです。

「自分自身や他人に対して否定的な、また破壊的な考えを抱いていた自分というものを許してやります。私はすべての人を完全に、また気前よく許してやります。私は心から彼らのために健康と幸福と平和と、人生のすべての祝福を祈ってあげます、私が嫌がっている人のことを思い浮べたら、私は直ちに『私はもうあなたを放免してやりました。神があなたと共にありますように』とはっきり言います。私が他人を許してやった時はわかります。というのは心にとげを感じませんから。神の無限の治癒力ある精神は私を貫いて流れます。また神の平和の河も私を貫いて流れます。神の愛は私の全存在を満たし、神の愛はそれにふさわしくないすべてのものを溶かしてしまうことを知っています。神の治癒力ある光は私の心の中の問題点に集中されます。そしてその問題は解かれ、全き健康の霊たる聖霊が、私の考えることすべてに、細胞の一つ一つに宿るようにされるのです。私は今起こっている治癒に感謝します。というのはすべての治癒は至高なる者からくることを知っているからです。私はまた神が私の医者を導き、彼がなすことはすべて私を祝福することを知っております。」

彼は朝な夕な、この真理をゆっくりと、静かに、また感情をこめて繰り返しております。そしてこれを繰り返す間中、この精神的震動が彼の潜在意識の中に入ってゆき、多年にわたる悪意ある破壊的な考えのために、そこにできあがった否定的パターンを抹消してくれることを実感しました。彼から来た二通目の手紙によりますと、彼のかかりつけの医者は回復の早いのに驚いているし、石灰質の沈澱や炎症や浮腫も次第に消えていっているとのことです。彼は真の精神的治癒の道を立派に歩んでいます。というのは、あらゆる治癒は至高者から来るからです。「わたしはあなたを癒す主である」（エジプト記　一五・二六）。

信念の富は人生のすべての面で利子を払ってくれる

ブラーニー城はコーク・シティから五マイルばかり離れたところにあり、そこの石のために有名です。この石は、それにキスする人すべてに雄弁の能力を与える力があると言い伝えられています。「ブラーニー」という単語は人の感情を害することなくだますための感じのよいおしゃべり、つまり「お世辞」のことです。城壁にはまっているその石にキスするためには、鉄の手すりにつかまってのけぞらなければなりません。そしてそのキスの後、運のよい人はすばらしい言語運用能力を得られると考えられています。

ここを訪ねた時、一人の神父さんが私にこう言いました。「以前、私の説教は退屈で人を引きつける力がなかったのですが、今では強力な説教者になっております。例の石にキスしてから多数の人が私の説教に集まるようになったので、私の教会は、ミサで私が説教する時はいつも満員です」と。これは信仰の力を示すものです。「信ずる者にはすべてのことが可能である」

（マルコ伝　九・二三）と聖書にも書いてあります。

石に演説の才能とか雄弁の才能を与える力があるわけがないことには、あなたも同意くださると思います。しかし人間の側の信念と期待が潜在意識の深みで眠っている力を呼び起こすのです。というのは、そういう力は常にそこにあるのであって、認められ、利用されるのを待っているのですから。「であるから私は、あなたの内にある神の贈物なる能力を奮い起こすことを思い出させるのである」（第二テモテ書　一・六）。

精神的洞察と理解が即座に生み出す富

ジョニーと呼ぶ男が、キラネーのダンロー峡谷への旅に私の道連れとなりました。この峡谷をケリー種の頑丈な小馬に乗って行くのは、旅行者にとって大きいスリルでした。それは氷河時代に周囲の丘陵から山を削り取ってできたものです。高くそびえるリーク山脈の嶺々や、山頂にさまざまにかかる影、絶壁沿いの道の静寂さと人気《ひとけ》のなさなど、そこを訪れる人に忘れ難い印象を残すのです。私の同行者が急性の喘息の発作を起こしたのは正にこの場所においてでありました。彼は咽喉にやるスプレーを持っており、それを用いると少しは楽になりました。彼はまた自分でアドレナリンの皮下注射をしました。

彼は、毎日昼頃になると発作が起きるのだ、と言いました。発作はその時によって強さが違うので、緊急の場合に備えて医者は皮下注射の仕方を彼に教えました。発作が収まってから、彼は急にこんなことを言い出しました。「私が喘息になっても不思議なことはありません。私の父も一生喘息持ちでした。父がその発作で死んだ時、私はそこに居合わせていました。」彼は遺伝のせいにしていたのですが、そう言いながら彼は自分が養子であることを私に打ち明けたのです。これではもちろん遺伝のせいにするのは筋違いというものです。

ジョニーはいかにして精神的・情緒的障害を解き放したか

胸襟を開いて話し合ってみると、彼は、自分の養父を憎んでいたことを認めました。その憎むようになったきっかけは、その養父がおそらく腹立ちまぎれに、「おまえはおれのほんとうの息子ではないんだ。おれはおまえを溝の中から拾い上げ、家に住まわしてやったんだぞ。おまえは私生児なんだ」と言ったことでした。これはジョニーにとってひどいショックでした。彼は自分が養父を憎み、恨んでいることに対して罪の意識を持っていました。彼はしばしば、このことを告解《こっかい》（訳者注・カトリックで神父に告白することによって神の許しをうること）したのですが、その罪の意識は彼の心の深い奥まったところに抑圧されたままになっていたのです。それは否定的で破壊的な感情でありますので、遅かれ早かれ出口を持たずにはおらなかったのです。それで彼の養父が死んだ時、自分の罪に対する自己処罰の一形式として喘息になったのです。

私は彼に潜在意識の働きについて十分説明してやりました。そして彼は自分が私生児だったことに対して疑いもなく深く腹を立てているけれども、神の目から見れば私生児などというものはないのだということを指摘してやりました。真の私生児とは、否定的な考えをする人、黄金律と愛の法則に従わないでいる人のことであります。彼が喘息持ちになったのは、自分で自分を無価値と感じ、自己拒絶をし、おまけに自分を育ててくれた養父に憎しみと反感を抱き、自分は処罰されるべきであり、苦しむべきであると感じていたためにほかなりませんでした。彼の養父は彼に対してできるだけのことをやってくれたこと、そしてほんとうの父と母の二人分の役割をやってくれたのだということを私は指摘してやりました。私は彼の養父が腹立ちまぎれに彼にひどいことを言ったことを許してやるようにと言いました。

彼はこの光をただちに認めました。それと同時に、自分で自分を罰していることにも気づきました。彼が私をキネラーのホテルまで車で送ってくれた時、私は彼に、『眠りながら成功する』（大島淳一訳・産業能率大学出版部刊）をあげました。そして毎日数回唱える特別のお祈りを書いてあげ、また医者と協力し続けるように忠告してやりました。その祈りは次のようなものです。

「私は養父と、神だけが知っている実の父母を完全に神に向かって解き放ってやります。私は自分自身や他人に対して否定的な、また破壊的な考えを抱いていた自分を許してやります。そしてこんなことは二度とすまいと決心します。否定的な考えがでてきたら私はすぐに『神の愛が私の魂を満たし給う』と断言します。私はくつろいでおり、落ち着き、穏やかで静かです。私の医者が私を診察する時、すべての点において神は彼を助けてくれます。全能者の息吹きは私に生命を与えてくださいました。そして神が私に生命の息吹きを吹きこみ、私を自己の内なる神の諸能力と諸性質を備えた生ける魂にしてくださったことを知っております。私は神の平和を吸い込み、神の愛を吐き出します。そして神は私の身体の中を調和として、喜びとして、愛として、平和として、完全さとして、完成として流れ給うのであります。」

私は、この偉大なる真理を、朝、昼、晩の三回、五分ずつ肯定し、自分が肯定したことは絶対に否定しないように注意しなさいと教えてあげました。恐れの気持ちや、発作が近づいてきた時には、「私は神の平和を吸い込み、神の愛をすべての人に吐き出します」と静かに唱えるように言いました。

ビバリー・ヒルズの私の家に帰るとすぐ、私は彼から嬉しい手紙を受け取りました。そこには彼の喘息がすっかりなおって、全然喘息めいたものは再発しないと書いてありました。ほんとうに、説明はしばしば治癒となります。

許すことの富

かつてシェイクスピアの国に旅行した時、私はイギリスのストラットフォード・オン・エイボンに行きました。この町はウイリアム・シェイクスピアの生誕地として名高く、この「不滅の詩人」にゆかりのあるものがたくさんあります。この旅行中、ウォリックで昼食をとりましたが、その時若い女性と話し合いました。いろいろ話しているうち、私は自分が心理学的・宗教的関係の本を書いて、人間の諸問題を扱っていることを彼女に話しました。彼女は看護婦でしたが、二年間というもの、どうしてもなくならない皮膚の湿疹にかかっていました。彼女は自分が勤務している病院のすぐれた皮膚科の専門医に診てもらいました。そしていろいろな洗い薬や塗り薬を処方してもらったのですが、いずれもききませんでした。

われわれは精神肉体医学《サイコソマチック》関係の話をしたのですが、私はそこで『感情と肉体的変化』の著者フランダース・ダンバー博士の研究書について話してやりました。この著者は、皮膚とは内なる世界と外なる世界の出会う場所であることを指摘し、多くの皮膚病は、敵意とか怒りのマイナスの感情とか、われわれの健康に有害なその他の感情によって起こされるものであることを洞察していないと言って、同業の医者たちを非難しております。換言すれば、皮膚は一種の排泄器官であって、罪の意識とか不安とか後悔などのような抑圧された感情に基づく精神的毒素は、肉体的な病気にと変えられるのです。

この若い女性は、私がロンドンを立ち去る前に私のところに相談に来てもよいかと尋ねました。私は喜んでキャクストン・ストリートにあるセント・アーミンズ・ホテルで会うことに同意しました。このホテルはロンドンでの私の定宿《じょうやど》なのです。

かゆい湿疹が治らなかったわけ

私は、彼女に率直にこう言いました。「あなたは何かに対して非常な罪悪感を持っていて、自分を罰しなければならないと信じているように、私には感じられますね。もしあなたが告白してあなたの心をきれいにしたら、そのかわり湿疹は消えるのではないかと思います」と。潜在意識の中に抑圧され、封じ込められていた感情はおそかれ早かれ身体の病気に変えられてゆきます。彼女は次のように告白しました。「私は結婚しているのですが、夫は政府の仕事でインドに行っております。夫の留守中に私は自分のかかっている歯医者さんと肉体的関係を持っていました。今では後悔の念と罪の意識でいっぱいです。私は神様が自分の罪を罰しているのだと感じております。」

自分を許せば平和と解放がくる

私は彼女に、「神、すなわち生命の原理は、けっして罰することはなく、人間が精神の法則を誤用して自分を罰するのだ」ということを説明してやりました。たとえば、あなたが自分で指でも切ったとします。すると生命の原理はトロンビンという血液凝固物質を作ります。そして内なる知性が橋状のものをかけて新しい組織を形成します。もしあなたがやけどをしたとしますと、生命の原理はそれを恨みに思うなどということはなく、そのやけどした皮膚をもとの状態にしようとして水腫を小さくして新しい皮膚と組織を与えてくれるのです。あなたが何か悪い食物を食べた場合には、生命の原理はそれを吐かせます。それは生命の原理（神）が常にあなたに健康をとりもどさせようとしているからです。生命の原理はあなたを癒やし、回復させ、健全にするという性質を持っているのです。

もともと看護婦でしたので、彼女はこれをすべて理解しました。それから私は単刀直入にこう聞きました。「あなたはこの湿疹から自由になりたいのですか」と。彼女は直ちに「はい」と答えました。「それではもう問題はありません。あなたは今やっていることをやめて、自分自身を許しさえすればよいのです。それであなたの問題は終わりになります」と私は言ってやりました。それで彼女はホテルの私の部屋で、もう例の歯医者には会うことはやめ、自分を責めることもやめる決心をしました。

私が彼女に説明してあげたように、自分を責め苛むことは破壊的な心の毒であり、心の膿《うみ》を身体全体にばらまき、生命力、活力、健康、力などを奪い、その人を肉体的、精神的難破船のようにすることなのです。私は彼女に、「あなたはすべての考えを調和と愛の神の法則に合致させればよいのです。新しい始まりは、新しい終わりなのです」ということを指摘してやりました。

私たちは共に祈り、神の愛と平和と調和が今や彼女の全存在を満たすよう、また彼女が神に導かれ、保護され、見守られるようにと念じました。黙ったまま約五分間、われわれは「神の愛の治癒力」という一つのことだけに思いをこらしました。それから私は一つの偉大なる真理を彼女に思い出させてやりましたが、これはすべての人の頭と胸に消えることのないように刻み込んでおくべきものです。それは次の言葉です。「私がなすのはこの一事である。過去のことを忘れ、未来に手をさしのべ、栄誉の目標をめざして前進すること、これなのである」（ピリピ書　三・一三、一四）。

彼女が求める目標は健康と幸福と心の平和でした。われわれの黙想が終わりますと、溢れるばかりの内なる光が彼女の目の中で輝きました。彼女は黙想しているうちに、何かが自分に起こるのを感じたのです。湿疹は完全に消えました。われわれはいっしょになって「父よ、わが祈りを聞き給うたことに感謝します。また常にわが祈りを聞き給うことを信じます」（ヨハネ

伝 一一・四一、四二）と唱和したのです。

知恵と理解の富

ロンドンに住む古い知り合いが、私をセント・アーミンズ・ホテルに訪ねて来ました。彼は十二歳の少年を連れて来ましたが、その子は夜になるとひどく物におびえるというのです。暗いところがこわいらしいのです。これが二年間続いているというのでした。二年前にこの坊やに大きなショックを与えるようなことが何かあったのかとその母親に尋ねました。潜在意識はいかなる体験もけっして忘れることのないものですから、そういうショックがあれば、それはその少年の潜在意識に抑圧されていると思われたのです。われわれが知りたいと思ったのは、その抑圧された感情でした。

母親はこんなことを思い出しました。それは二年前彼らがリバプールで住んでいた家が夜中に火事を起こした時、父親がその子を煙から守るため上着をかぶせたというのです。母親がそこまで言うとその少年は突然、「パパはボクの息をとめたんだよ」と私に向かって叫びました。実際、これがこの問題全体に対する解答でした。

われわれはこの少年に向かって、お父さんは彼を守り、命を助けようとしていただけのことであること。また彼は自分のお父さんとお母さんに愛を放射してやるべきであることなどを説明してやりました。私はこの少年と母親に次のように説明しながら忠告してあげました。「過去に起ったことはどんな事でも、生命を与える考え方で潜在意識を満たせば、今でも変えることができます。心の中には時間も空間もないのですから。低いものは常により高いものに支配されるのです。この坊やの心も、神の真理で満たしてやれば、その心の中から神にふさわしくないものをすべて追い払うことができるのです」と。

私はそのお母さんには息子のための祈りを作ってあげて、その少年にも眠りにつく前にその祈りを用いるようにと言いました。この母親が用いた祈りというのは次のようなものです。

「私の息子は神の息子です。神はこの息子を愛し、面倒を見てくださいます。神の平和が彼の魂を満たします。息子は落ち着いて穏やかで、静かで、くつろいで、なごやんでおります。主の喜びが彼の力です。癒し給う精神が、調和として、平和として、愛として、また完全として息子を貫いて流れます。神はましまし、その精神は息子の全存在に活力を与え、エネルギーを満たし、そして健全と美と完全さを取りもどしてくれます。息子は平和に眠り、喜びの中に目をさまします。」

彼女は息子用に右の祈りの人称を変えて「私は神の息子である……」というようにして繰返させました。私は彼女に、医者も祈りも両方続けるようにと言い、また私に連絡をくれるように頼んでおきました。私はビバリー・ヒルズに帰るとすぐに、この母親から次のような手紙を受け取り、驚きもし喜びもしました。「私の息子はなおりました。寝ている時に彼の夢の中に聖人が現われて『お前は解放された。お母さんにそう言いなさい』と言ったというのです。その夢は非常にはっきりしたものだったとのことです。」

これはその少年の潜在意識が、彼に治ったことを啓示したものなのです。「主なるわれは幻の姿をかりて彼に現われ、夢の中で彼に語るであろう」（民数記略　一二・六）。

◆繁栄を得る効果的な祈りのための黙想

繁栄を得るには、しばしば黙想して次の祈りを繰り返してください。

「『あなたは自分の道を栄えしめ、更にあなたはよき成功を収めるであろう。』私はいまや成功と繁栄のひな型を私の内なる潜在意識に与えます。潜在意識こそ法であります。私は今や無限なる供給源と一体化します。私は内なる神の静かで小さい声に耳を傾けます。この内なる声は私のすべての活動を導き、教え、支配するのです。私は神の豊かさと一体です。自分の仕事をやっていく上で新しいもっと良い道があることを私は知っており、また信じております。無限の知性が私に新しい道を示してくれるのです。」

「私は知恵においても理解力においても成長しております。私の仕事は神の仕事です。私は神によってすべての点で栄えしめられております。私の内なる神の知恵は、私のやっていることがすべて適切な方向に直ちに調整されるような方法と手段を私にお示しくださいます。」

「私が今唱えている信仰と確信の言葉は、私の成功と繁栄のために必要な門と道をすべて開いてくれるのであります。『主（法）はわれに関わることをすべて完成し給う』ことを私は知っております。私は完全の道にとどまります。というのは私は生ける神の息子だからであります。」

本章の要約——記憶してください

（1）怨念や敵意はあなたの活力や熱情や精力を奪う心の毒であります。食事を拒否するのは、しばしばその人が緩慢な自殺をしていることを意味します。そしてこれは誰かほかの人に対して復讐を求める方法なのです。これを解決する方法は、魂も心も開いて神の愛を流入させ、ほかの人はほんとうはあなたのために気を使い、またあなたを愛しているのだ、ということを実感し、治癒と変容をもたらすことです。

（2）あなたは神の一器官であり、神は今あるがままのあなたを必要としており、あなたは愛され、必要とされ、求められているのだと実感し始めた時に完全なる変容が起こります。あなたは無限なる者の富を、愛として、善意として、内なる平和として、富裕さとして解き放ちはじめるのです。

（3）盲信が目ざましい結果をもたらすこともよくあります。「あなたの信仰の対象が正しかろうが間違っていようが、あなたは結果を得るのだ」とパラケルサス（訳者注・十六世紀に初代のバーゼル大学化学教授となった人）は言っております。吃音症の一少年は自分の想像力に火をつけて、心躍る期待と盲信とを抱き、「聖ケビンが眠っていたと言われるベッドで眠れば自分の吃音症は治るのだ」と信じました。彼の潜在意識はこの信念を受け入れ、彼の吃音症は治ったのです。

（4）ほんとうの信仰というものは、あなたを創造した無限の精神はあなたの身体の全機構と全機能を知っているのであるから、あなたが信じて、その無限の精神と一体になれば結果が生ずるのだと信ずることをいうのです。真の信仰とはあなたの顕在意識と潜在意識を連携させて用いることで、科学的な裏付けを持っています。

(5) あなたが健康を祈れば、健康は「敏速に飛び出してくる」べきなのです。もしそうではなかったら、直ちに医者に行って聖書の次の言葉に従いなさい。「しかるべき尊敬の念をもって医者をうやまいなさい。というのは主が医者を造り給うたからである」(経外典三八・一)。

(6) 多くの人の集まる治癒の集いで極端な感激を体験する人もおります。それは一種の催眠術的ヒステリー、あるいは感情的ヒステリーです。そして一時的に苦痛がやわらぎ、足の悪い人が松葉杖なしに歩くということもよくあります。しかし催眠効果によるものは一時的な効果を持つにすぎません。本物の治癒においては、あなたの顕在意識と潜在意識は一致しなければなりません。そしてあなたは心の底から無限なる癒し給う精神を信じなければなりません。その場合の結果は恒久的で一時的ではないのです。あなたが治癒を祈る時、すべての罪の意識、激怒、怨恨をすっかり許してしまわなければなりません。あなたが人を許してしまった時はそれが自分でもわかります。というのはあなたの心の中に棘《とげ》で刺されるような痛みがなくなるからです。棒とか石とかお守りとか護符とか聖人の骨には何の力もありません。しかしある人が犬の骨を聖人の骨だと信じて、「それにキスするならば治癒が起こるのだ」と信ずるならば、治してくれたのは犬の骨ではなくて、彼の信仰に潜在意識が反応したからです。

(7) 否定的で破壊的な感情は潜在意識を乱し多くの病気の原因となります。人は罪の意識を持っている時、自分は罰されなければならないと感じます。しかしそういう人は、自分を自分で罰していることに気がつかないのです。ある少年の養父が死んだ時、自分の罪に対する自己処罰の形式として、彼は養父の持病を引きついだのでした。

(8)許しを得るためのすばらしい祈りは次のものです。「私は自分自身、および他人に対して否定的で破壊的な考えを抱いたことについて自分自身を許します。そして私はこんなことは二度とすまいと決心します。否定的な考えが浮んだらいつでもすぐ人に『神の愛が私の魂を満たします』と断言します。」

(9)あなたの皮膚は内界と外界の出会うところです。敵意や怒りや抑圧された憤りや怨恨などの感情はいろいろな皮膚疾患に変えられることがあります。悔恨や罪悪感は多くの発疹の原因であると精神身体医学者たちは言っております。

(10)生命の原理(神)が罰することはけっしてありません。この精神は常にあなたを癒し健康にすることを求めているのです。自己呵責、自己批判は破壊的な心の毒であり、心の膿をあなたの体内に送りこみ、あなたを肉体的にも精神的にも難破船のようにしてしまいます。

(11)決心しなさい。過去を忘れ、あなたの心を神の愛と平和と調和で飽和させなさい。神の愛はそれに似つかわしくないものをも、すべて溶解するものであると悟りなさい。

(12)過去に何が起こったにせよ、あなたはそれを今変えることができます。あなたの潜在意識を、生命を与える思考の型で満たしなさい。そうすればあなたは神に似つかわしくないものをすべて消去し、追い出せるでしょう。

（13）本章の終りにある「黙想」はあなたが自分の生活を改善し、自分の行く道を繁栄せしめる助けとなりましょう。

第5章　奇跡を生む思考形式を選べば富が増える

全世界と、海中、空中、地中にあるすべての宝は、あなたが生まれた時にこそあったものです。あなたの周囲にある計算できないほど膨大な未発見の富は、人間の知性がそれを発掘してくれるのを待ち受けているのだということを、考え始めてください。あるセールス・マネジャーが先日私に向かって言うには、彼の仕事仲間が拡張計画のアイデアを会社に百万ドルで売ったというのです。彼はまた、現在ほど多くの百万長者がアメリカにいたことは歴史上になかったとも付け加えました。あなたも一財産作るアイデアを持つことができます。それどころか、あなたがこの世にあるのは、あなたの中に閉じ込められている輝きを解放し、あなた自身を贅沢や美や生命の富でとりかこむためなのです。

お金と仲好しになりなさい。そうすればあなたはいつでもお金を持てるでしょう

この本を読めば、あなたはお金に対して正しい態度を持つことが必要であることがおわかりになると思います。あなたがほんとうにお金と仲好しになれば、あなたはいつもそれを余るほど持てるでしょう。あなたがより充実した、より豊かな、より幸福な、よりすばらしい生活を欲するのは当然であり自然なことです。お金というものは世界の国々の経済的健康を維持する

ために神様が考え出したアイデアだと思ってください。お金があなたの生活に自由に循環している時は、あなたは経済的に健康なのです。それはちょうどあなたの血液が自由に循環している時は、あなたが充血しないですむのと同じことです。「お金は交換のシンボルである」というお金の真の意味とその人生における役割を理解することを今すぐ始めてください。お金があなたにとってどんな意味があるかと言えば、それはあなたを欠乏から自由にしてくれるということです。それは美と贅沢と豊富と安全感と洗練を意味するべきです。

なぜ彼女はもっとお金を持てなかったか

貧しいと言うことは精神的態度です。あるとき自分の書いたものを出版したことのある若い女性作家が私に、「私はお金のためには書かないわ」と言いました。それで私は彼女にこう言ったのです。「お金のどこが悪いのですか。あなたがお金のために書かないのはほんとうでしょうが、労働する人は労働の対価をもらう価値があります。あなたのお書きになるものはほかの人々に霊感を与え、元気づけ、励ますのです。あなたが正しい態度をお取りになるならば、経済的報酬は自由に、豊富に、あなたのところに自動的に流れ込んでくるでしょう」と。

彼女は実際はお金を嫌っていました。一度彼女はお金のことを阿堵物《あとぶつ》（きたない富）などと呼びました。彼女は貧乏の中に何か美徳が含まれているという潜在意識の型を持っていたのです。私は彼女にこの宇宙の中に悪などというものはなく、善も悪も、人間の考えと動機が作るだけなのだと説明してやりました。すべての悪は生命を間違って解釈し、心の法則を誤用するところから生ずるのです。別の言葉で言えば、唯一の悪は無知であり、その唯一の結果は苦しみということなのです。

ウラニュウム、銀、鉛、銅、鉄、コバルト、ニッケル、カルシウム、紙幣などを悪だと宣言するのは馬鹿でしょう。ある金属と他の金属の唯一の区別は、中心的核をめぐっている電子の数と速度だけです。百ドル札のような紙きれは無害なものです。その紙きれと銅や鉛の唯一の違いが、金属の陽子や電子を持った原子や分子の構造が、紙幣の材料である紙の物理的構造とは別だということだけなのです。

彼女がお金に対する態度を変えたら繁栄がきた

彼女は、簡単なテクニックを実践して、お金が何倍にもなることを体験しました。それはこういう具合だったのです。「私の書くことは男であれ女であれ、人々の魂や心を祝福し、癒し、霊感を与え、高め、尊厳なものにするのに役だちます。それで私は、神の手によってすばらしい報酬を与えられます。私はお金を神の実体と見なします。というのは万物は一つの霊より作られているからです。私は、物も心も一つであることを知っています。お金は絶えず私の人生を循環しております。そして私はそれを賢明にまた建設的に使うのです。お金はふんだんに、喜ばしそうに、限りなく私に流れこんできます。お金は神の心の中のアイデアなのであり、それはよき物であり、非常によき物です。」

この若い女性がお金に対する態度を変えたため、彼女の人生に奇跡が起こりました。そして彼女は「お金はきたない富だ」という奇妙な迷信を完全に拭い去りました。彼女は自分が心の中でお金を非難していたために、お金は流れこまずに飛び去っていたのだということを悟りました。彼女の収入は三ヵ月で三倍になったのですが、それは彼女の経済的繁栄のほんの序曲にすぎなかったのです。

必死に働いてもお金に困っていた牧師

数年前、私は信者の間で非常に評判のよい牧師と話をしました。彼は、心の法則についてもすばらしい知識を持ち、その知識を他人に与えてやることもできました。しかし彼自身はどうしても家計の赤字をなくすることができないでいたのです。彼は「お金を愛することは諸悪の根源である」（第一チモテオ書　六・一〇）という聖書の言葉を引用して、自分の窮状のよい言いわけになると思っていたのですが、彼は聖書の同じ章の第一七節に続いて出てくる言葉はすっかり忘れていたのです。この個所でパウロは人々に「すべてのよきものを豊かにわれわれに享受させてくださる生ける神」（第一チモテオ書　六・一七）に信頼と信仰を置くようにすすめているのです。

聖書の中で「愛」という言葉は、万物の根源たる神に対して忠義と忠誠と信頼を捧げるという意味なのです。ですからあなたはあなたの忠義と忠誠と信頼を被創造物に対して与えるのではなくて、宇宙万物の永遠の根源たる創造主に与えるのです。もしある人が「私の欲しいのは金だけだ。ほかのものはいらない。金こそ私の神で金以外のものは何も重要でない」と言うならば、その人はもちろんお金を得ることができましょう。しかしその人もバランスのとれた生活を送るためにこの世に生まれてきたのです。人間はお金のほかにも、平和、美、導き、愛、喜び、健康などを自分の人生のすべての分野において要求しなければなりません。

お金を人生における唯一の目的とすることは誤りであり間違った選択でありましょう。あなたは自分のかくれた才能を表現し、人生において自分の真のいるべき場所を見出し、他人の成長や幸福や成功に貢献するという喜びを味わうべきです。この本を勉強して、自分の潜在意識の法則を正しく適用するならば、あなたは自分の必要とするだけのお金を手に入れた上で、更に心の平和、調和、健康、平穏を持つことができます。他のいっさいのものを排除してお金を蓄積することは、人の均衡を失わせ、バランスをなくします。

私はこの牧師さんにこう指摘してやりました。「紙切れ（お札）や金属（硬貨）を悪だときめつけるなんて、あなたは聖書を完全に誤解していらっしゃいますね。というのは、こういった物は自然にあるものであって、別に良いとか悪いとかいうことはなく、ただ考えによってそれは良くも悪くもなるのですから」と。もっとお金があれば、自分の奥さんや家族や信者たちにどんなによいことをしてあげることができるかということを、この牧師さんもわかり始めました。彼は態度を一変して例の迷信を捨てました。彼は大胆に、規則正しく、法則に従ってこう念じ始めました。「無限の霊は私に、もっとよい奉仕の道をお示しになります。私は霊感を受け、啓発されています。そして唯一の精神と力に対する信仰と信念を、私の話を聞くすべての人に神の輸血として注ぎこんでやります。私はお金を神のアイデアと見なします。そしてそれは私の生活と私の信者たちの生活を絶えず循環しています。神のお導きと英知によって、われわれはそれを賢明に、聡明に、また建設的に使います。」

この祈りは潜在意識の力を活性化するのだと確信して、この若い牧師はそれを自分の習慣としました。今では彼は美しい教会を持っていますが、これは人々が彼のために建ててくれたものなのです。彼はラジオ番組も持っていて、いろいろな世間的、文化的な必要に使うお金を十分に持っています。彼はもはやお金を批判してはいないことを、あなたに保証することができます。

お金を得るようあなたの心を訓練するコツと計画

もしあなたが、ここに述べられているような手続きとテクニックを用いれば、あなたは一生の間、お金に不自由なさることはけっしてありません。

〈第一ステップ〉神、すなわち生命の原理は、宇宙、すなわち天空にかかる銀河でも、天の星でも山でも湖でも、地中や海中に埋もれたものでも、動物でも植物でも、あなたの目にはいるすべてのものの根源なのだということを十分に考え抜いてください。この生命の原理があなたを生んだのであり、神の持つすべての力と性質と属性はあなたの内にあるのです。あなたがまのあたりの意識に浮べるものは、神あるいは大生命の目に見えない精神から生じたものであり、人間が発明し、創造するものはすべて、人間の目に見えない精神から生ずるのだ、という簡単な結論に到達してください。そして人間の精神と神の精神は一つのものなのです。というわけは、すべての個人に共通な唯一の精神というものがあるからです。神はあなたのエネルギー、活力、健康、創造的アイデアなどの供給源であり、太陽や、あなたの呼吸する空気や、あなたの食べるリンゴや、あなたのポケットの中にあるお金などの供給源であるという明白な結論に到達してください。というのは、すべてのものは、目に見えぬものの中で、それから作られるからです。神にとっては、草や葉になることも、あなたの人生の富になるのも、同様にやさしいことなのです。

〈第二ステップ〉今すぐあなたの潜在意識の中に富の観念を刻みこんでください。観念は繰り返しと、信念と、期待によって潜在意識に伝えられます。この思考の型や行為を何度も何度も繰り返すことによって、それは自動的になります。そして潜在意識は強制的なので、あなたはどうしてもそれを実現せずにはおれなくさせられるのです。この型は歩行とか水泳とか、ピアノを弾くとか、タイプを打つのと同じことです。あなたは自分が肯定していることを信じなければなりません。あなたが肯定していることはあなたが大地に埋めるリンゴの種のようなものので、それは播いた種に応じて成長するのだということを悟ってください。この種子に水をやったり肥料を施してやったりして、その成長をはやめます。あなたのなさっていることと、なぜそれをやっているのかを理解してください。

〈第三ステップ〉次の言葉を朝夕約五分間繰り返してください。「私は今、私の潜在意識の中に神の富の観念を書き込んでいるのです。神は私の供給源です。そして私の必要とするものはすべて、いかなる時点においても、またいかなる地点においても供給されます。神の富は豊富に、楽しげに、また休むことなく私の体験の中に流れ込んできます。それで私は神の富が永久に私の体験の中を循環していることを感謝します。」

〈第四ステップ〉「私にはそういう旅行をする余裕が少ない」とか「その手形は落せない」とか「その勘定は払えない」とかいうような欠乏の考えが頭に浮んできたら、経済的なことについてはどんなことがあっても否定的な文章で言い切ってはいけません。それをすぐにあなたの心の中でひっくり返して「神は私の即刻の、また永久的供給者であって、その勘定書は神の秩序に従って支払われるのだ」と肯定してください。もしも否定的な考えが一時間に五十回もあなたに起こったとしても、そのたびごとにそれをひっくり返して、「神は私の即刻の供給者であり、この必要に今すぐに応じてくれるのです」を考えてください。しばらくしますと財政的欠乏の考えはその勢いをすべて失います。そしてあなたは自分の潜在意識が富に条件づけられていることに気づかれることでしょう。もしあなたがたとえば新しい車を見たとしても、「あれは僕には買えないな」とはけっして言ってはいけません。その反対に「この車は売り物だ。それは神のアイデアだ。私はそれを神の秩序に従って受け入れます」と心の中でつぶやいてください。

これが宝庫をひらく鍵でありコツです。いま述べたような順序で実践しますと、富裕の法則は、あなたのためにも、他の誰のためにも働くのです。心の法則はだれかれの区別をしません。あなたの考えがあなたを富ましもし、貧しくもするのです。生命の富を今ここで、すぐにお選びください。

一年間で収入を五倍に増大させたセールスマンの話

あるセールス・マネジャーが、私のところに部下の一人を相談によこしました。このセールスマンはすばらしい成績で大学を出た男で、自分の売る品物について精通しておりました。彼は有利な地域にいましたが、年間たった五千ドルの手数料しか得ていませんでした。セールス・マネジャーはこの男ならこの収入を二倍か三倍にできるはずだと感じたのです。

この青年と話しているうちに、私は彼が自分を嘖《さいな》んでいることに気づきました。彼は年間五千ドルという潜在意識の型を作り上げていたのです。彼は貧困家庭に生まれ、彼の両親も「お前は貧乏になる星の下に生まれついている」と言っていたということでした。彼の父親はいつでも「おまえは絶対碌《ろく》なものにならないさ」と彼に言っていました。こういう考えが彼の感受性の強い心に受け入れられたのでした。それで彼は潜在意識的に信じている欠乏と不足を体験していたのです。

潜在意識の中に生命を与えるような型を送りこんでやれば、自分の潜在意識を変えることができるのだということを、私は彼に説明してやりました。それから私は彼に精神的な処方を与え、それに従って自分の人生を変えるように言いました。私は彼に、どんな場合においても自分が肯定したものを打ち消してはいけないことを説明しました。というのは、潜在意識は自分がほんとうに信じたことを受け入れるからです。

彼は毎朝、仕事に出かける前に次のように肯定しました。「私は成功するために生まれました。

私の内なる無限なる者は失敗することがありません。神の法と秩序が私の生活を支配し、神の平和が私の魂を満たし、神の愛が私の心を飽和させます。無限の知性が、私をすべての点において導いていてくださいます。神の富は今や豊かに私に流れてきます。私は精神的に、経済的に、またすべての点において進歩し、前進し、成長しております。これらの真理は私の潜在意識の中に沈んでいって、それに応じたものを成長させることを私は知っております。」

その結果

一年後、私がこの青年に再び出会った時、彼が変わっていることを発見しました。彼は二人で話し合った考えを吸収しておりました。そして彼は言いました。「私は今、人生をしみじみありがたく思っております。そしてすばらしいことが起こりました。私は今年二万五千ドルの収入がありました。これは前年度にくらべて五倍も多いのです」と。彼は自分の潜在意識に刻みこんだことは、何でも自分の人生の上で効力を発揮し、機能してくるのだという単純な真理を発見したのでした。

◆経済的富を豊かに収穫するための黙想

経済的な富を確実に得るためには、次の黙想を用いてください。

「『あなたは自分の手の仕事を彼の支配にまかせたのである。』神に対する私の信仰が私の未来を決定することを私は知っております。私は今、真実の考えと自分を結びつけます。そして未来は私の習慣的思考がイメージに描くものの中にあることを知っています。『人が心の中で考えていること、それがその人である。』この瞬間から私の考えは『何であれ真実なるもの、何であれ正直なるもの、何であれ正しいもの、何であれ愛らしきもの、何であれよき名のあるもの』に向けられます。日中も夜も私はこうしたものについて黙想します。そして私が習慣的にいつも考えているこうした種子（考え）が私にとって豊かな収穫になることを知っています。私は自分の魂の隊長です。私は自分の運命の主人です。というのは、私の考えと感じこそが私の未来だからです。」

本章の要約――記憶してください

（1）あなたの周囲にある無限の富を考え、それを開く人間の知性を期待することを始めましょう。あなたの中には指導原理があって、それに呼びかけると、それはあなたの求めている富をあなたに示してくれるのです。

（2）「お金と仲好しになりなさい。そうすればいつもお金を持つようになるだろう」という古い諺があります。お金とは神のアイデアであり、諸国民の間を循環しながら経済的な健康を維持しているのだとお考えください。お金はあなたの人生を循環しているのだと念じてください。そうすればあなたの潜在意識は、あなたが必要とするだけのお金をすべて持つように取り計らってくれるでしょう。

（3）もしあなたがお金を、汚ない富だとか諸悪の根源と呼んだり、その他同じような馬鹿なことを言ってお金を非難するならば、あなたのお金は翼をはやして飛び去って行きます。お金は宇宙の他のすべてのものと同様に、普遍的な物であって、霊が目に見えるようにされたものなのです。お金やニッケル、コバルト、鉄、プラチナ、鉛、石油、石炭などはすべて、同じ普遍的なるものがいろいろな外見をとりながら、それぞれ異なった周波数や振動数をもって働いているのです。

（4）お金に対して新しい態度を取りなさい。そしてあなたの仕事が著作であれ、教職であれ、園芸であれ、何であれ、あなたは豊かな報酬を受ける権利があることを悟ってください。あなたの人生の中をお金が豊かに循環している時に、あなたがなしうるすべてのよきことを考えてください。

（5）あなたはいくら一生懸命に働いても、お金を嫌ったりそれを批判したりすれば、経済的に窮乏することになりましょう。何もお金を神としてあがめることではなく、それがこの三次元の世界では欠くべからざるものであることを悟るのです。あなたは真の富の根源である神に赴くのです。そしてあなたがその根源に赴くならば、その根源のほうであなたにやってきて、あなたに人生のすべての富を与えてくれるということを悟ることです。別の言葉で言えば、あなたは被造物をあがめるのではありません。あなたは創造主をあがめるのです。あなたの期待は神に向けられるのであり、その神はすべての人に生命と呼吸を与え、すべてのものを豊かに亨受させ給うのであります。

（6）あなたは自分のためにも、また世の中のすべての男女のためにも、いつもお金を賢明に、聡明に、また建設的に使っているのだと念じてください。また、かの無限なる者は、あなたが奉仕することのできるよりよき道を示すのだということを絶えず念じてください。

（７）お金を得るために心を訓練するのに最も肝要なことは、神こそ宇宙の中に見える万物の根源であり、人間が作ったものもすべて神の精神より生じたという明快な結論に断固として到達することであります。これを真理だと信ずると、このあなたの富の肯定は実際に富を生み出すものとなります。物を恐れる考えや、欠乏についての考えがあなたの心に浮んだら、ただちにそういう考えをひっくり返して、「神は私の即座の供給源であり、この勘定書も神の心の中において今支払われた」と断言するとか、あるいは何かこれと同様の適切な断言をしなさい。このコツは経済的なことに関してはけっして否定的な言い方をしないことであります。しばらく経つと否定的な考えは出てこなくなります。それであなたは自分の潜在意識を富に条件づけたことがわかるのです。

（８）あるセールスマンは、自分自身とお金に対する精神的態度を変えることによって、五千ドルの収入から二万五千ドルの収入に躍進したのです。貧乏に対する彼の潜在意識的信念が彼を押さえつけていたのです。彼は自分の潜在意識に、成功や豊富や適切な行動や富裕を送りこみ始めました。そして彼は自分の考えが適切に指導された場合は、昇進、富、自尊心を作り出し、上役や顧客からも認められるということを発見したのです。彼は自分が潜在意識に刻みこんだことは、自分の生活において効果を出し、機能するものだということを知りました。彼は今や不断に前進し、昇進し、神のほうに向かって進んでおります。

（9）あなたが確実に豊かな経済的な収穫を得るように、この章の終りにある「黙想」を利用してください。

第6章　あなたにお金をもたらす言葉はこれだ

あなたの人生に喜びを導入してください。喜びを念じ、喜びを得るように祈りなさい。「主の喜びはわが力なり」ということを肯定しなさい。しかしそれをいろいろ分析してみたり、歯ぎしりするほど力んだりしてはいけません。「喜び」は生命の跳躍であり、生命の表現であることを知ればよいのです。喜びを得ようとして「馬車馬のように」頑張ったりしてはいけません。この精神治療法的テクニックにおいては、意志の力も、筋肉の力も、血管の力も、いっさい必要ないのです。主の喜びが今あなたを貫いて流れ、このように祈れば奇跡が起こるということを、ただ知って念ずるだけでよいのです。自由と心の平和が、その結果としてあなたのものになります。

効果的な祈りによって豊かになった女性

ある女性が、私にこう言いました。「私は経済的に行き詰まっていました。私は子供のために食物を買ってやるお金もないほどまでになっていました。私の所持金はたった五ドルだったのです。私はそれを手にとって言いました。『神はその栄光における富に従って、この五ドルをうんと増やしてくださり、私は今や神の富で満たされております。私の必要とするものは今もこれからも一生の間直ちに供給されます』と。私はこの言葉を約三十分間肯定し続けました。すると大きな平和感が私を包みました。私は惜し気もなくその五ドルを食料品のために使いました。するとその店の店主が『今までのレジ係が結婚してやめたばかりのところだから、私のところのレジ係をやってもらえないかね』と私に聞きました。私はそれを引き受け、その後間もなく私はその店主（つまり私のボス）と結婚しました。そして私は人生のすべての富を経験しましたし、また経験しつつあります。」

この女性は根源に向かったのです。そして自分の心を信じたので無限なる者の祝福がそれに続いて起こったのです。彼女のよきものは極度に拡大され増大されたのです。

自分の生徒のために祈って奇跡を起こした女の先生

ハワイへの旅行中、ある女の先生と話しておりましたところ、彼女は「自分はある宗教団体の建ててた学校のスペイン語とフランス語の先生をしているのですが、毎朝みんなでお祈りをし、各生徒が声を出して次のように肯定しているのです」と私に言いました。「私は高き所にましますす者から霊感を受けます。限りなき知性が私の勉強を導き、教えてくださいます。私は神の秩序に従ってすべての試験に合格します。私は同級生みんなに愛と善意を放射します。私は幸福で、楽しく、自由です。神は私を愛して、私の世話をしてくださいます。」

彼女の言葉によれば、彼女のクラスの生徒たちの中に非常に大きな変化が起こり、過去三年間、彼女のクラスで落第した者はたった一人もいないと言うのです。彼女は更にこう言いました。「私は生徒たちに『君たちはパスするんだ、君たちは勉強において導きを受けるのだ、君たちは知らなければならないことをすべて知るための完全な記憶力を持っているのだ』と言いきかせて、全能なる神に対する信仰と信頼の輸血を生徒たちに毎日してやるのです。生徒たちは私の言うことに耳を傾け、私の言っている真理を呼吸します。これが朝の祈りの肯定といっしょになって、その真理が生徒たちの潜在意識に沈んでいきます。そして生徒たちの潜在意識に刻みこまれたことに応じたことが生徒たちに起こったわけなのです。」

この婦人は賢明な教師であり、科学的な祈りが無数の方法で奇跡や驚異を起こすものであるということを発見したわけです。

効果的な祈りのおかげでカムバックをなしとげたセールス・マネジャー

あるセールス・マネジャーが、「仕事中に酒を飲みすぎたり、会社の秘書の一人と関係を持ったために解雇されました」と私に語りました。彼は全く困り切っており、落胆し、妻や収入や将来のことを心配しておりました。

その後私が彼の妻と話してみますと、彼女は慢性的な口やかまし屋であり、自分の夫を支配し尻に敷こうとしながら、それに成功しないでいたことを私は発見しました。彼女は異常なまでに嫉妬心が強く、非常に独占欲が強かったのです。それで毎晩彼の行動をチェックし、もし彼が決まった時間に帰宅しないものなら、派手な喧嘩をやるのでした。

彼のほうは情緒的にも精神的にも成熟しておらず、この事件を全然建設的には扱っていませんでした。彼は自分の妻の口やかましいことや、帰宅の時間にうるさいことに対して強い反発を感じていたのです。それで、酒を飲んだり他の女と関係したりして報復を図ったのでした。「私は妻に仕返しをしてやりたかっただけなのです」と彼は私に言いました。

この二人とも朝夕、祈念療法を始めることに同意しました。神の愛はそれにふさわしくないすべてのものを放棄するのですから、二人がお互いのために祈る時、憎しみや敵意や怨恨はありえないのだということが二人にわかったからです。

彼女は朝夕、次のように祈りました。

「私の夫は神の下僕です。神は彼をふさわしい所にお導きくださいます。彼が求めるものは彼を求めているのです。神の愛は彼の魂を満たし、彼の平和は彼の頭と心を満たします。神は彼をあらゆる面において栄えさせてくださいます。われわれの間には平和と愛と理解があります。われわれの人生にあることは神の働きであります。」

彼のほうも同様に朝夕、自分の妻のために次のように祈りました。

「私の妻は神の子です。神は彼女を愛し彼女の世話をします。神の愛と平和と調和と喜びが常に妻を貫いて流れます。そして妻はあらゆる点において、神によって導かれます。われわれの間には調和と平和と愛と理解があります。私は妻の中に神を見、また妻も私の中に神を見ます。」

その結果は

この二人は、例の事件に関しても緊張を解き、和《なご》んでくるにつれて、「この事件からも、よいことだけが結果としてでてくることが可能だ」ということを悟りました。間もなく彼のもとの会社の社長から電話があって、それは「再び会社にもどらないか」という内容のものだったのです。社長は彼が妻と和解したということを聞いたと言いました。それと同時に、彼が過去において会社のためにやった仕事や業績をほめてくれたのです。

実のことを言えば、彼の妻が彼に知らせないで社長を訪ね、すべての事情を打ち明け、今では二人は非常に幸福であること、そして「例の女」ともすっぱり手が切れていることなどを話したのです。彼女はまた二人が今いっしょにお祈りをすることにしているという話もしました。社長はその話に深い感銘を受けたのです。このようにして彼女とその夫は科学的な祈りのもたらす富というものを、きわめてすみやかに発見したのでした。

かの無限なる者の富があなたを貫いて流れるようにしなさい

神はあなたのよきものを極度にまで増大してくださるのだ、ということを肯定し、実感し、信じてください。そうすればあなたは一日中、時々刻々、精神的にも知的にも経済的にも社会的にも豊かにされるのです。というのは、自分の生活に対する人間の栄光には終りがないからです。こうした真理をあなたの潜在意識に刻みつける時に、どんな奇跡が起こるか注意して見てごらんなさい。あなたは経済的な面でも輝かしい未来を体験なさるでしょう。

「見張って祈る《ウォッチ・アンド・プレイ》」ことから生ずる確実な富

あなたの考えることを見張りなさい。経済的欠乏や困窮について、けっして語ってはなりません。あなたが貧しいとか困っているとかいうことについても、けっして話してはいけません。あなたの隣人や親類に向かって、不景気だとか、経済的に困った問題だとかについて語ることは非常に愚かなことです。あなたの受けている恩恵を数えなさい。繁栄に関してのみ考えることを始めてください。神の富はいたるところにあるのだということについて語ってください。富裕の感じが富裕を生み出すのだということを悟ってください。自分はやってゆくだけの資力がないとか、非常に貧しいとか、切りつめた生活をして一番安い肉を食べているとか、そういったことについて話していますと、こうした考えには創造の力がありますので、あなたは自分を自分で貧しくしていくだけのことになるのです。

あなたの持っているお金を気前よくお使いなさい。喜びをもってお金を手放してください。そして神の富が雪崩のような豊かさであなたのところに流れてくるのだということを悟ってください。根源なる者に向かってください。あなたが神に向かいますと、「神はあなたの世話をしてくださる」という言葉どおりの答がくるのです。隣人も未知の人も仲間もあなたのよきものを増大させ、またあなたの物質的な面での収入も増大させてくれることがわかるでしょう。すべての面で神の導きを求めて祈り、そして神はその栄光の富に応じて、すべてのあなたの必要を満たしてくれているのだと信じることを習慣としてください。あなたがこういう精神的態度を取る習慣をつけますと、目に見えぬ富裕の法則は、あなたのために目に見える富を作り出してくれることもできますし、またそうしてくれるでしょう。

効果的な祈りによってすばらしい成功を収めた美容師の話

美容院を経営している女性が、私に自分の成功の秘訣を語ってくれました。それは毎朝、お店を開く前に静かな一時を持ち、次のように肯定することだというのです。「神の平和は私の魂を満たし、神の愛は私の全存在を飽和させます。神は私を導き、栄えしめ、霊感を与えてくださいます。私は光を受け、神の癒し給う愛は、私からすべてのお客様に流れていきます。神の愛は私のドアから入り来り、また神の愛は私のドアから出て行くのです。私のお店にこられる方はみんな祝福され、癒され、霊感を与えられます。かの無限なる治癒する力をもつ精神は、店全体に満ち満ちています。これは主が造り給いし日です。そして私は歓喜し、私のお客様や私自身に与えられる無数の祝福に対して感謝いたします。」

彼女はこの祈りをカードに書いて、その真理を毎朝繰り返すのです。夜になると、彼女はすべてのお客に感謝し、彼らが導かれ、繁栄せしめられ、幸福で調和的であるよう、また神と神の愛が各人を貫いて流れて、自分の人生のすべての空の器を満たすようにと念ずることにしているのです。

彼女は私にこう言いました。「この祈りのテクニックに従ったところ、三ヵ月目の終りには、とてもさばき切れないお客ができて、三人もの美容師を雇わなければならなくなったのです。私は効果的にお祈りの富を発見し、夢にも見たことがないほど繁栄しております」と。

かの無限なる者の豊かな祝福を実現させなさい

最近、ビバリー・ヒルズに住む女医の方が、「私は絶えず次のような祈りをしております」と私に言いました。「私は心楽しく最善のものを期待しつつ生活しております。それでいつでも最善のものが私に起こるのです。私の好きな聖書の文句は『彼はすべての人に生命と呼吸とすべての物を与える』(使徒行録　一七・二五)ですが、私はこの言葉で自分の心を飽和状態にするのです」と。喜びも健康も成功も幸福も心の平和も、それを自分は他人から得ているのではないということを彼女は知っているのです。彼女は昇進も業績も、富も、成功も、幸福も、自分の内なる生ける全能の霊に仰いでいるのです。「神に信頼を置くものは誰でも幸いである」(箴言　一六・二〇)。

昇進や成功や業績や啓発や霊感のことを考えてください。そうすれば全能の霊はあなたのために働き、あなたが考えていることを完全に実現させずにはおかないのです。さあ、今からかの無限なる者の無限の富があなたのために新しいドアを開くようにさせましょう。そうすれば奇跡的なことがあなたの人生の中に起こります。

効果的な祈念療法から生ずる富

祈念療法の際には、努力したり緊張したりすることを避けてください。というのは、こういう態度はあなたの不信を示しているものだからです。あなたの潜在意識の中には、いかなる問題も解くに足りる知恵と力が全部備わっているのです。あなたの意識する心は外的な諸条件を見る傾向があり、絶えずそれと格闘し抵抗する性質を持っております。しかしながら事を成すのは静かな心であるということを忘れないでください。時々あなたの身体を静かにしなさい。自分の体に向かって静かにしてくつろぐように命じてください。そうすれば身体はあなたに従います。あなたの顕在意識が静かで受容的な時、あなたの潜在意識の知恵が心の表面に浮んできて、あなたは求めていた解答を得るのです。

祈りの後の感じ

あなたの祈りが成功したかどうかは、自分の感じ方でわかるものです。あなたが迷ったり心配したままだったり、どのような方法で、いつ、どこで、どの方面から解答がくるだろうか、などと考えているようでしたら、あなたは余分な干渉をしていることになります。こういうことはあなたがまだほんとうに自分の潜在意識の知恵を信頼していないことを示すからです。一日中、あるいは時々でも、自分に向かってうるさく言うことはさけてください。あなたが自分の欲望を考えている時はタッチの軽さということがたいせつなのです。無限なる知性は、あなたが意識する心を緊張させてやるよりも、はるかに上手に神の秩序に従ってその問題を解いてくれるのだ、ということを思い出してください。

祈りの回数はどれくらいが適当か

「愛する人が病気で入院している時は、あるいは経済的に困っている時は、どのくらいひんぱんに祈ったらよいのでしょうか」という質問をよく受けます。一般論的に言えば、あなたが心の中に満足感を得るまで祈るか、あるいは、今のところこれが自分にできる最善のことだとあなたが感じさえすればよいわけです。調和、健全、活力、富裕などを求めるあなたの祈りは、聞き入れられるのだと期待してください。別の祈りが終わってからすぐでも、その日のうちにまた祈ってもよいわけです。あなたの祈りが叶えられた時は心の中で平和と確かさが体験され、それ以上は祈りたくないという気分になるのでわかります。

長い祈りを何度もやるのは一般にあやまりです。というのは、それは心を強制することによって無理に願いを達成しようとしていることを示すからです。このような無理は、常にあなたが祈っていることの反対の結果をもたらすのです。心の底から出てくる短い祈りのほうが、長い祈りよりもよい結果を生むことに、あなたはしばしばお気づきになると思います。

「彼は私の魂を回復させる」(詩篇 二三・三)

問題を一度念頭から去らせて、くつろぐ方法を学んでください。病気や問題に力を与えてはなりません。力と忠誠は、かの無限なる治癒者に与えてください。水泳の指導員は、あなたは水に浮かべるのだと、いうことを言うでしょう。あなたが静かにじっと動かないでおれば、水はあなたを支えてくれるのです。ところがもし神経質になったり、こわがったりしますと、あなたは沈むのです。

あなたが精神的な治癒を求めている時は、自分が聖なる遍在者の中にひたされ、生命と愛と真理と美の黄金の河があなたを貫いて流れ、あなたの全存在を変えて、調和と、健康と、平和の型に作り直しているのだと感じてください。あなた自身を生命と愛の河に同一化して、自分自身が生命の大洋で泳いでいるのだと感じなさい。神とのこうした一体感はあなたを回復させるでしょう。「彼は私の魂を回復させる」（詩篇　二三・三）。

◆すばらしい未来のための黙想

次の黙想を毎日用いますと、あなたにすばらしいことが起こるでしょう。

「私は、自分自身の運命の型を決め、かたち作り、創造するのだということを知っております。私の神に対する信仰が私の運命であります。このことは、すべてのよきものを常に信じていくということであります。私はいつも最善のものを心楽しく期待して生きていきます。そして最善のものだけが私のところにやってきます。私は自分が将来刈りとる収穫を知っています。というのは、私の考えはすべて神の考えであり、私がよいことを考えれば、その私の考えは神と共にあるからです。私の考えは善と信と美の種子です。私は今、愛と平和と喜びと成功と善意の考えを私の心の庭に播きます。これは神の庭であり、それは豊かな収穫を生み出します。神の栄光と美は私の人生の中に表現されます。この瞬間から私は、生命と愛と真理を表現します。私は輝くばかりに幸福で、すべての面で繁栄しています。父なる神に感謝します。」

本章の要約――記憶してください

（1）あなたが持っているお金は、たとえ小額でも、今それを祝福し、信じながらこう言ってください。「神は今もこれからも永遠に、このお金を極度に増大してくださいます」と。心からこれを信ずれば、あなたは一生の間、欠乏ということを知らないでしょう。

（2）夫と妻がお互いのために祈り、二人の間にいる神をたたえ、平和と調和と愛と霊感をお互いに念じ合えば、すべての怨恨と悪意は解消し、二人とも栄えます。もしあなたがある地位をくびになったら、「このことからは、よいことのみ生ずるのだ」と念じなさい。そうすると新しいドアが開いて、前よりも更にずっとすばらしい地位を見出すことになりましょう。

（3）あなたの注意を何でも愛らしいもの、高貴なるもの、すばらしいもの、神々しいものに集中しなさい。そうすればあなたは人生の富を体験なさるでしょう。あなたは自分の潜在意識に播いたものを収穫するのだということを忘れないでください。

（4）あなたの考えに注意しなさい。あなたの考えは創造する力があるのです。欠乏や窮乏や貧しいことや生活費の足りないことなどを、けっして口にしてはいけません。このことはあなたの悲惨を何倍も大きくするものです。神の富について考えてください。そしてかの無限なる者の富が雪崩のように豊富にあなたのところに流れ込んでくることを大胆に肯定しなさい。それを大胆に念じてください。そうすればかの無限なる者は応えてくれるでしょう。

（5）ある美容院の経営者は規則的に法則的に次のことを肯定することによってめざましい成功をおさめました。「神の平和は私の魂を満たし、神の愛は私の全存在を飽和させます。癒し給う神の愛は私からすべてのお客様に流れてゆきます。私の店に来る人はすべて祝福され、癒され、繁栄せしめられ、霊感を与えられるのです。」彼女はこの祈りを一つの習慣とし、夢にも見なかったほどの繁栄をしています。

（6）かの無限なる者の富をあなたに体験させることのできるすばらしい祈りはこれです。「私は楽しく最善を期待して生きております。そうすると最善のことが私に起こります。『神はすべての人に生命と呼吸とすべてのことを与え給う』（使徒行録　一七・二五）。」

（7）生徒を教えるにあたっては、無限の知性が彼らの勉学を導き、方向づけてくれるのだと悟りなさい。彼らは神の秩序に従ってすべての試験にパスするのだと念じなさい。自分自身の内なる力に対する信念と信頼を生徒たちに吹き込んでください。そうすれば、生徒というものは、いかによくあなたの確信を潜在意識的に受けいれるものであるかを見て、びっくりなさるでしょう。あなたがこのように祈っていると奇跡が起こります。

（8）本章の終りにある「黙想」を利用して、充実した、豊かな将来を、確実に手に入れてください。

第7章　心の中にある金銭製造機を作動させる方法

「繁栄する」ということは、成功し、栄え、よい結果を得ることを意味します。別の言葉で言えば、繁栄している時、あなたは精神的に、経済的に、社会的に、知的に発展し、成長しているのです。真に繁栄するためには、あなたは、生命の原理が気分よく、調和的に楽しく、愛をこめて流れてくる水路になることが必要です。仕事や考え方の、しっかりとした方法を確立し、それを毎日規則的に、また法則的に実践するようおすすめします。

繁栄思考で人生を変えた青年

私のところに相談にみえた青年は、長年の間「貧乏コンプレックス」を体験しており、祈りに対しても何の応答も受けておりませんでした。彼は繁栄を祈ったのですが、貧乏に対する恐れが、絶えず重く彼の心の上にのしかかっていました。それで当然のことながら、彼は繁栄よりも欠乏や窮乏を引き寄せていたのです。潜在意識は、二つの考えがあったら、その強いほうの考え方を受け入れるのです。

私と話し合った後、この青年は自分が頭の中で富を考えることが富を生み出すのであり、どんな考えでも、それよりももっと強い反対の考えで中和されないかぎり、創造する力があるのだということを悟り始めました。そして、彼は自分の貧乏についての考え方や信念が、自分の周囲を取り巻いている無限の富に対する信念よりも大きかったということも悟りました。それで彼は自分の考えを変え、また変えたまま、もとにもどさないでおきました。私は彼のために繁栄の祈りを書いてやりましたが、それは次のようなものです。これはあなたにもまた役に立つと思います。

効果的な繁栄の祈り

「唯一なる、根源なる生命の原理があり、ここから万物が流れ出てきていることを私は知っています。これが、大宇宙という中にある万物を創造したのです。私は神的精神の焦点であります。私の心はひらき、受け入れる準備ができています。私は、調和と美と導きと富とかの無限なる者の豊かさが滞りなく流れてくる水路であります。私は健康と富と成功が内より解放され、外に現われてくることを知っております。私は今や自己の内と外の無限なる富と調和しております。そしてこの考えは私の潜在意識の中に沈んでいって、実生活のスクリーンの上に投映されることを知っています。私はすべての人のために生命のあらゆる祝福を祈念します。私は神の精神的、物質的な富に対して開かれており、それを受け入れる準備ができております。そしてその富は雪崩のごとく豊富に、自分のところに流れてくるのです。」

考え方を変えたら彼は突然裕福になった

神の富に自分の考えを集中し、一旦肯定したことは否定しないようにと特別の注意を払いました。一月しますと彼の全生活が変わりました。彼は上にあげた真理を朝夕約十分ぐらい肯定し、この真理をほんとうに自分の潜在意識に書きこんでいるのだと理解し、潜在意識を活性化してその隠された宝を解放するようにさせました。彼は約十年間というものあまり将来の見込みのないセールスマンだったのですが、突然、彼は年俸三万ドルに歩合給付きのセールス・マネジャーに抜擢されたのです。

祈る心に願いを書いて驚くべき結果を得た若い女性の話

意識する心はペンにたとえられるものであること、そして、心からの願いで常に心いっぱいにすることによって、潜在意識に真の願いを書きこむことができるということを、ある若い女性が学びました。それで彼女は二つの願いを自分の潜在意識に書きこむことに決めました。そのためその二つの願いについてそれぞれ別々に、関心をこめながら考え、こうすれば自分の潜在意識はその上に刻まれた刻印に応じて正確に答えてくれるのだと信じました。

彼女の最大の願望

・・・・・・・・

彼女の最初の願い事は次のようなものでした、「母と私は、メキシコに二週間の休暇ででかけようとしています。無限の知性が神の秩序に従ってその道を開いてくださることに二人とも同意しております。」この二人は自分たちが飛行機にのっているところを心中に描き、想像の中でスチュワデスと活発な会話を行ないました。二人は実際に飛行機にのったような気がし、すべてが自然のように思われました。

約一週間後、この若い女性はすっかり興奮して私の事務所にやってきてこう言いました。「ごらんください。私はこれを拾ったんです。百ドル札が二十枚入っているこの封筒が道端に落ちていて、その中にこんなメモが付いているんです。『拾った人はダレでもこれを取っておきなさい。神の祝福あれ』と書いてあるだけなんです」と。この封筒の上には名前もなく、またそのほか持主を示すようなものはいっさいありませんでした。こんなことをやる百万長者の変人が時々いるものですが、そんな人がやったんだろうというのが、おそらく彼女のこの幸運の説明になるでしょう。この親子はすばらしいメキシコの旅をゆっくりと楽しみました。あなたの潜在意識がどのように祈りを叶えてくれるかは実際に見当がつきません。

彼女の第二の願望は結婚でした。彼女は自分の潜在意識の中に顕在意識のペンで次のように書きました。「結婚と幸福への願望は私の内なる神の声が、私に充実した幸福な生活を送らせようとすすめてくれているから生じたものであることを、私は知っております。私は今、かの無限なる者と一体であることを知っております。私を愛して大事にしてくれようと待っている男性がいることを私は知り、かつ信じております。私はこの男性の幸福と平和に貢献しうることを知っております。私は彼の大きな宝になれます。私は彼を大切にし、愛し、元気を与えて偉大にしてやることができます。彼は私の考えを愛し、私は彼の考えを愛します。彼は私を変えようと欲しないし、私も彼を変えようとは思いません。われわれの間には相互の愛と、自由と尊敬があります。この言葉は出てゆき、それが送られたところで事を成しとげます。私はこの要請を自分の潜在意識の中に信念と自信をもって書きました。私はそれが潜在意識の中でなされ、完成され、確立されることを命じます。私が結婚について考える時はいつでも、私の潜在意識の無限の知性が神の秩序に従ってこれを実現させようとしていることを思い出すのです」と。

数週間経ちました。すると何週間も彼女の歯の治療にあたっていた歯科医が突然、彼女にプロポーズし、彼女はそれを受けたのです。私はこの結婚式の司祭をするという喜びと満足を味わいました。この若い女性は自分の潜在意識の驚異に対する新しい洞察を得ました。繁栄と健全な考えを抱きなさい、そうすれば祈るにつれて奇跡が起こります。

毎日健全な考えを抱くという富がもたらした大きな利益の例

若い離婚した婦人が人生に抵抗してしょっちゅう不平をこぼしていました。「私は平凡な人生を送っています。私は一人ぼっちで、挫折して友だちもありません。私の人生はつまらなく暗いのです……」と。しかし彼女は、自分の考えには創造する力があるのであり、上に並べたような不平をならべて否定的な考え方をすることは、自分で自分の惨めさを実際に作っているのだ。というのは、われわれが注意を向けることは何でも、潜在意識が拡大して増大してわれわれわれに体験させてくれるのだから、ということを学びました。

私と話し合って心の法則についていくらか学んだあと、彼女は習慣的になっている挫折型の考え方をひっくり返して、しばしば法則的にこう肯定しました。「私は幸福で楽しく自由です。私は人を愛し、親切で、協調的で、平和です。私の力である主をたたえる唄を歌います」と。「私はこれこれである」と言った時の「これこれ」が何であろうと、自分がそれを表現し体現するのだという精神の法則を彼女は悟り、理解したのです。彼女は上に述べた精神的真理を肯定する習慣を作りました。すると彼女の全生活は、以前のいわゆるつまらない存在から、充実した人生に変わったのです。すなわち、彼女はすばらしい頭脳の技師と結婚して新しい家を持ち、それに自分の内なる富の驚異について、新しい見方と新しい洞察をも得たのです。

繁栄と幸福を計画して成果をあげた主婦

私に相談に来た主婦は、絶えず、ぶつぶつ不平を言っておりました。「私には幸福はありません。私は不幸の星の下に生まれたのです。私はつまらない退屈な仕事ばっかりやる運命なのです。洗濯、料理、アイロンかけ、掃除、皿洗い、窓みがき、三人の子供の世話などをしなければなりません」と。彼女は自分の置かれた境遇に反感を持ち、反発しており、人生は自分に辛くあたっており、不親切だと感じておりました。

しかしながら私と話し合っているうちに彼女は、繁栄と幸福は心の状態を現わしているものであるという真理に目覚めました。そこで、彼女は自分の考え方をひっくり返してこう念じ始めたのです。「神の適切な行為は私のものです。成功は私のものです。富は私のものです。幸福は私のものです。神の平和の河は私の心と身体と活動を支配し、私のすることは何でも栄えるものです。私は自分の考えが造る力のあることを知っています。技師が橋を計画するように、私も今、繁栄と幸福を設計しております。私は『求めよ、さらば与えられん。探せよ、さらば見出さん。叩けよ、さらば開かれん』（マタイ伝　七・七）と約束してくれる聖書の法則を心の中で信じております」と。

このようにして、この主婦は自分の内なる神の繁栄の賜物を目覚めさせたのです。すると彼女の仕事や家事や家庭や子供に対する関係が変わりました。彼女は内に閉じこめられていた輝きを解き放ったのです。お金は全く期待もしなかったところから入ってきました。そして彼女は自分の新しい人生の役割に全く満足しております。

あなたのいる所に美と富があります

神は筆舌に尽し難いほどの美です。神はあなたの中に住んでおります。神はあなたの中にあって歩き、かつ話します。あなたの心も魂も、あなたの考え方も感じ方も、すべてあなたの内なる神を示しています。神とはあなたの内なる目に見えない生命と力です。あなたの考えにも想像力があるのですから、それがあなたの人生において働いている神なのです。神の美と富はあなたの考えや言動や行為を通じて流れているのだと考え始めてください。そうすればあなたは神の美と富をあなたの親類や友人や隣人に渡してやることができます。あなたの持っているすべての祝福に感謝してください。あなたは自分の家を美しくすることもできるし、他人を励ましてあなたの潜在意識の富を体験するようにしてやることもできるのです。あなたは自分の人生の描き手であり、織り手であり、デザイナーであり建築家であります。

有利な商取引をした男の秘密計画の富

私は大きなスーパー・マーケットを経営している男を知っていますが、その人の兄で共同経営者であった人が最近死にました。この兄さんは、自分の持っていたその会社の株の半分を、二人の娘に遺産として与えました。この二人の女性は非常に否定的で欲ばりで、ありとあらゆる種類の問題を起こしてこの男を苦しめました。そして、自分たちのものになった会社の半分の株を売ることを拒絶しました。この会社からもっとお金を欲しいというこの二人と議論してから、この男は一枚の紙に「私はこの女たちを完全に神に解放してやる。彼女らは自分たちのいるべきところにいるのだ。永遠なるものはない、こうした状態は今過ぎゆくのだ。これが働き給う神なのだ」と書いたのだそうです。彼はこの紙切れを自分の机の引き出しに入れました。その机には「神にとってはすべてが可能である」と書いてあったのです。そしてこの紙のことは忘れておりました。二週間したらその二人の女たち（彼の姪たち）は自分たちの持ち株を売ることに同意したのです。そして彼がこの会社全体を買収するという有利な取引について、両者にとって完全な協調的な解決があったのです。

彼のテクニックは健全なものでした。実際に彼はその解決を自分の潜在意識に書きこんでいたのです。そして自分の机の引出しにその紙片を入れた方法は、外的な象徴にすぎなかったのです。彼はその問題を自分の潜在意識の無限の知性に解き放ってやったのです。これこそすべてのあなたの問題に対する解答を引き出す秘密の場所なのです。

かの無限なる者の富をどう考えたらよいか

あなたは夜に星を見ることができます。入道雲をながめて感嘆することもできます。そして、空はあなたにとっても誰にとっても永遠に青色です。あなたは金持ちであっても貧乏であっても落陽を見ることができます。あなたは鳥の唄声に耳を傾けることもできますし、あなたの周囲にある美に恍惚となることもできます。あなたの周囲にあるすべての物に、朝日にも金色の月にも空にも山にも川にも小川の流れにも神の精神を見てください。大自然の美を考えてください。そしてあなたの飼犬の目の中にある愛を見ることも忘れないでください。

人生とはわれわれが自分の潜在意識に預け入れたものと正におなじものを自分に反映してよこす鏡です。愛と美の目を通じて見てください。そうすれば愛と美とかの無限なる者の富があなたにもどってくるでしょう。ロングフェローはこう言っております。「悲しい顔をして過去を覗くのはやめなさい。過去は戻ってこないのですから。賢明に現在を改善しなさい。それが肝要なことなのです。まだはっきりしない未来を恐れることなく、男らしい勇気をもって進んで迎えなさい」と。またセネカはこう言っております。「現在うまく行ってない人は未来を心配するものだ、とだけは言える」と。神（あなたのよきもの）は永遠の現在です。あなたのよきものと人生のあらゆる富をいま念じなさい。あなたが考えることのできることは、あなたの潜在意識の知恵と力によって達成できるのです。

あなたの願望を繁栄的・健康的に書き出すことから生ずる奇跡

毎年、大晦日の夜、私はある会合を司会し、夫婦者からなるグループのために新年の祈りを先導するよう頼まれております。そこでは、各人が自分の心からの願望を書き出すことが習慣になっております。その場合、健康、富、愛、自己実現という四つの分野に関する願いに限られております。あなたの願うことは何でも、この四つの分野のどれか一つに属するのです。たとえばあなたの唯一の願いとして知恵を求めるならば、それは自己実現、つまり潜在意識の生命、愛、真理、美、富などをますます多く解き放つことを願うことになります。また自分の願いを書き記す時は、友人とか親類がその一つに含まれることをすすめることにしています。たとえば、友だちとか親類が訴訟に巻き込まれているならば、次のように書き記すよう指示されるのです。「だれそれさんに対しては神の無限なる正義と調和によって、神の調和的解決がありますʼ」といったようにです。

書かれた願望は達成される

このようにして書き出した願望のうち、その年内に実現したものの数は驚くべきものです。多くの場合、こうした祈りが新年そうそう実現することもあります。しかしそういう場合でも、その答は実際には適切な時に、つまり用意ができている時に与えられます。こうして書き記した祈りはすべて封筒にいれて封をし、そこに出席している人の一人に渡すのです。するとこの人はそれを自分の家の金庫の中にしまいます。そして次の年の大晦日の晩に各人は自分の封筒をもどしてもらいます。そして書いた人はそれを自分で読むのです。

そのうちの一人が私に、その書いた祈りを見せながら、「全部が神の秩序に従って実現されています」と言いました。彼の願いの一つは、息子たちのために、またリクレーションのためにもっと時間を持って、家族旅行をしたいということでした。彼は転任させられ、昇進させられ、そして六週間の休暇を与えられたのです。かくして家族を連れて五週間の船の旅に出かけることができたわけです。更に彼は週日でも、家族のために今までよりもずっと多くの時間を持てるようになりました。

ある母親の願いは、二人の息子が徴兵されないようにということでした。この二人は招集されないですみました。そして彼女が言うことには、これからも絶対に召集されないだろうということです。彼女が念じて書いたのは次のような言葉でした。「私の息子は神の息子です。神はそれは息子たちが自分の好きなことをしている現在の正しい場所に置いてくださいます。神はそれを知り世話をしてくださいます。」

これらの男女はみんな、自分たちの潜在意識の知性が自分たちの最も深い願望を神の秩序に従って実現してくれることを信頼して、それを書き記したのです。私はいつでもその人たちといっしょにやる祈りを次のように終えることにしています。「これらの書かれた願いはすべて各人の潜在意識の中に書きこまれ、その願いはすべて神の法と秩序に従って実現します」と。

こうした祈りは書かれたとおりに、あるいは、全知にしてすべてを見給うより高き自己から見て、いっそう壮大でいっそう偉大な方法で叶えられます。ここに出席してくる人たちは、男も女も自分たちの祈りがすばらしい具合に叶えられるのを見てびっくりしております。

その真の秘密

こうした願望を書き記して封をするということの秘密の目的は、信念と信頼をもって、潜在意識の知恵にその願望をすっかり解き放ってやり、そして太陽が朝に昇るがごとく、この願望が、すべて神の秩序に従って復活してくることを悟ることにあります。これは神的無関心と言われます。あなたがこういう心の持ち方をしておれば、あなたの祈りは常に叶えられます。神的無関心とは、あなたの祈りが叶えられないことはありえないということを知っているということなのです。というのは、聖書にも「彼（神）はあなたを裏切ることも見捨てることもないであろう」（申命記　三一・六）と書いてあるからです。

◆あなたの潜在意識に種を植えつけるための黙想

次の黙想を心から信じて、しばしば繰り返すならば、あなたは偉大な宝を生み出すことになります。

「『あなたは言葉をなすものでありなさい。そして単なる聞き手になって自己をあざむいてはいけません。』私の創造力ある言葉は、祈りは叶えられるという静かな確信であります。治癒や成功や繁栄の言葉を語る時、私の言葉は生命と力を意識して語られたものであり、この言葉がなされることを知っているのです。私の言葉は力を持っています。というのは、それは全能なる者と一体だからです。私の語る言葉は常に建設的で創造的です。私が祈る時、私の言葉は生命と愛と感情で満ちています。これによって私の肯定すること、考えること、口にする言葉は、想像力あるものになるのです。語られた言葉の背後にある信念が大きければ大きいほどその力はいっそう大きくなることを私は知っています。私が用いる言葉ははっきりした型を作り上げ、それが私の考えのとるべき型を決定するのです。神の知性は今や私を通じて作用し、私が知る必要のあることを示してくださいます。私は今や答を持っています。私は平和です。神とは平和です。」

本章の要約――記憶してください

（1）繁栄しているということは、あなたがすべての面において精神的に、知的に、経済的に発展しているという意味です。あなたはしたいことを、したい時にするのに必要なお金を持つべきなのです。

（2）あなたの潜在意識は、二つの考えがあればその強いほうを受け入れます。すべての見えるものと見えざるものが、なぜ一つの根源から生じたか、その理由をすべて明晰に考えぬいてください。人間の作ったものはすべて一つの心から生じました。そして神によって作られたものもすべて同じ心から生じたのです。繁栄の考えを抱いてください。この世にあるすべての種類の富と膨大な富を考えてください。そうすればあなたの潜在意識はあなたが習慣的に考えることに反応するでしょう。貧困についていろいろ考える代わりに、すべての神の豊富さと無限の宝について考えてください。心を開いて受け入れる準備をしてください。そして富が豊かにあなたに流れこむようにしてください。よい受容者になってください。

（3）あなたの顕在意識は、潜在意識に真の願望を書きつけるペンのようなものです。静かに、一つ一つの願望をそれぞれ関心深く考え、その考えに信念と期待の水と肥料をやってください。これを一日三、四回やってください。あなたの心をしばしばこの考えで満たすことによって、あなたの潜在意識に種を播くことができます。そうしますとあなたの心からの願望は実現されるのです。

（4）欠乏や窮乏や孤独や挫折についてあれこれ考えないでください。それとは反対に、あなたの欲しい物を心にはっきり描いてください。そうして「私はこれこれである」と言ったことは何であれ、あなたの人生において創造されるのだということを悟ってください。「私は幸福である、楽しい、自由である」というようなすぐ覚えられる小さな文章を見つけなさい。そしてそれを子守唄のように何度も繰り返しなさい。確信をこめ、感情をこめてそうしなさい。あなたは自分の潜在意識に播いた種子に応じた収穫をするのです。

（5）現状についての文句、泣き言、不平などを言わないで、精神的態度を一転させ、大胆にこう念じなさい。「神の適切な行為は私のものです。神の成功は私のものです。神の愛は私の魂を満たして、私のやることは何でも栄えます」と。あなたの考えることには創造力があるのであり、あなたが一日中考えていることがとりもなおさずあなたなのだということを知ってください。あなたの考えに対して健全な尊敬を持ってください。あなたの考えはあなたの祈りなのです。

(6)神の美と富は、あなたの考えや言葉や行為を通じて豊かに流れるのだと考え始めてください。そうすれば、あなたは自分の考えの結果を体験なさるでありましょう。更にその上に、あなたは観想によって得た富をあなたの家族にも渡してやることができましょう。あなたは与えるためには持たなければなりません。すべての人に豊かに貢献できる人は豊かな人だけです。貧者は与えることができないのです。

(7)あなたが進退きわまった時、あるいは難しい人たちを相手にしている時、次のようにはっきりとあなたの願いを書くのがよいのです。「これもまた過ぎ行くでしょう。そして私の潜在意識の知恵によって神の調和的な解決があります。私は今これを解き放ち、手放します」と。そしてこの祈りを書いた紙切れを「神にあっては不可能なることなし」と記して引き出しの中に入れておいてもよいでしょう。これは問題を解放するという象徴的なやり方で、奇跡を起こします。

(8)人生は王様にとっても乞食にとっても鏡であって、われわれの一人一人に対し、自分の心に預け入れたものを正確に映してみせてくれるのです。

（9）私は大晦日の晩にグループで祈る会を指導してきましたが、そこでは各人が自分の心からの願望を書くことにしています。この願望を書いた紙は封筒に入れて封をし、一年間、金庫の中に入れて翌年の大晦日に開くのです。どの人も自分の祈りが叶えられ、その叶えられ方に驚いております。多くの人は自分が書いたことを忘れており、びっくりするのです。その秘密は、各人が自分の祈りを、信念と信頼をもって、全知にしてすべてを見る潜在意識へと解き放ってやったことにあるのです。神的無関心を持つ時、願い事は叶えられるのだということを、この人たちは学びました。神的無関心とは不注意でもなければ無感動でもありません。それどころかそれは自分が心の中でほんとうだと念じたり感じたりすることは何であれ、実現せざるをえないということをあなたが知っていることを意味するのです。ですから、あなたは、夜明けを待っている人以上の大きな信念と確信と自信をもって答を待つのです。

（10）この章の終りにある「黙想」を用いますと、あなたは毎日の生活の上で驚くほどの利益をお受けになるでしょう。

第8章　心の秘宝を探す地図の作り方と用い方

「想像力なき魂は、望遠鏡のない天文台のようなものだ。」

H・W・ビーチャー

「想像力は何でもやってのける。それは美と正義と幸福を作るが、これこそ、この世におけるすべてなのである。」

パスカル

「詩人の目は細かく激しく動いて天から地を見、また地から天を見る。そして想像力が未知の物の姿を呼び起こすと、詩人のペンはそれに形を与え、空々漠々《くうくうばくばく》たるものにはっきりした住居と名を与える。強い想像力とはそんなわざを持っているのだ。」

シェイスクピア

想像力はわれわれの持つ最も強力な能力の一つです。鍛錬され、制御され、方向づけられた想像力はあなたの潜在意識の深みに達する強力な道具であって、それによって新しい発明や発見や詩や音楽が生み出され、空中や海中や地中にある富を意識にのせることができるようになるのです。科学者、芸術家、音楽家、物理学者、発明家、詩人、著作家などは一般に高度に発達した想像力を持っており、それが潜在意識の宝庫からかの無限なる者の富を引き出し、無数の方法で人類に恩恵を与えるのです。

秘宝の地図によって富と伴侶を得た女秘書

最近私は、ある若い女秘書のために結婚式を挙げてやりましたが、彼女が私に言うには、この結婚式の約半年前に、秘宝の地図を自分だけで書き上げてみて、それを四つの部分に分けたとのことです。第一の部分には「神の富が豊かに私の人生に流れこんでくることに感謝します」と彼女は書きました。第二の部分には「四ヵ月の世界旅行を感謝します」と書きました。第三の部分には「私と完全に調和する、すばらしい精神性の高い男性を得たことに感謝します」と書きました。そして第四の部分には「美しい家具のはいった素敵な家に対して感謝します」と書きました。この四つの願いの下に彼女は「これらのすべての願いが神の秩序に従って、神の愛を通じて、直ちに叶えられることに感謝します」と書きました。

毎朝、毎午後、毎晩、彼女はこの要請を繰り返し、それが成就することを肯定し、また想像し、こうしておればそのイメージが徐々に自分の潜在意識の中に刻み込まれ、それによって願い事は実現せしめられるであろうと実感しました。彼女の第一の要請に対する解答は約一ヵ月してやって来ました。ニューヨークに住んでいた彼女の祖母が五万ドルとキャデラックを彼女に遺言によって与えてくれたのです。カナダに住んでいる彼女の両親は、世界旅行に彼女をいっしょに連れて行ってやろうと招待してくれました。そしてその旅行中に彼女は若い科学者に出会ったのでした。彼女の言うにはそれは一目惚れだったそうです。そしてカリフォルニアに帰ってくると、彼女は彼と結婚しました。彼はすばらしい家具のある美しい家を持っていたのです。

秘宝の地図を書き記して、あとは潜在意識の無限の知性に信頼することは、本当に霊験あらたかですと彼女は私に言いましたが、それは全くそのとおりなのです。上に述べたテクニックに加えて、この若い秘書は、パスポートを手に入れ、自分の旅行先を選び、自分が飛行機に乗っていろいろな外国を訪問しているところを毎晩想像したのでした。彼女はまた自分の指に指輪をはめているところを想像しました。これは自分が既にすばらしい男性と結婚しているという意味でした。想像の中で彼女は木々に囲まれた美しい家に住んでいました。そうして最後に、と言っても重要でないという意味ではさらさらないのですが、彼女は自分の銀行のお気に入りの出納係のところに行って五万ドルを預金し、その出納係のほうも彼女の幸運に対して「おめでとう」と言ってくれているところを想像したのです。

彼女の方法は思考と想像をすっかり制御できるようにしてくれ、そのおかげで彼女は経済的問題を征服するとともに、愛情生活の面においても、自己実現の面でもその願望を達成したのでした。

想像力を使って法的和解をもたらした弁護士の話

古代マヤ文明のピラミッドや遺跡で有名なチキン・イッツアの廃墟を訪れた時、ガイドはイッアというのは「ガラガラ蛇」の意味で、その象徴はこの文化のいたるところに用いられていますと私に教えてくれました。

ここで私はテキサスから来た弁護士に出会いましたが、この人はたまたま私と同じホテルに宿をとっていました。この人の話によると、メキシコのピラミッド見物というこのバカンス旅行の終わった後には、テキサスのダラスに非常に難しい仕事がひかえているとのことでした。その仕事というのは、百万ドルの遺産にかかわる遺言状についてある家族の中で争いがあり、それに決着をつけなければならないというのです。その家族の一人は長い訴訟さわぎにならないように、平和と協調をもたらすようにと彼に依頼したのでした。彼はそのことについていろいろ心配しておりました。というのは和解というのはかなり大きな収入になることであり、ぜひともそれを上手にまとめたいと思っていたからです。

私は彼に次のような形式の祈念療法を実践することをすすめました。心の世界には時間も空間もないのですから、彼には、心の中にダラスの会議室を投射して、そこに家族の全員が集まり、調和と平和と理解がお互い同士の間に働くことを祈念しているところを想像してもらいました。それからというもの、仕事にもどる前、毎日何回も自分の依頼主である例の家族の一員が「われわれは遺言状に書いてあるとおりのことを受け入れることに同意して、法廷で争うことはしないことにしました」と言っているところを想像しました。彼はこの声を何度も何度も聞き、毎晩「これでハッピー・エンドだ」と言う言葉を口にしながら眠りにつきました。

メキシコのピラミッドから帰ってから数週間経った頃、私は例の弁護士から手紙を受け取りました。それによりますと、彼は私の指示に従ったところ、その家族の会議では完全な同意があってハッピー・エンドとなり、同時に彼も、兄弟姉妹たちが法廷でみにくい争いを起こすことになりそうだった問題に協調的な結着をつけてくれたということで、多額の謝礼をもらったということです。

想像力を用いて特別の収入を得たメキシコ人のガイドの話

ウシュマルはメキシコの主要な考古学上の遺跡の一つで、これはメリダ・コンペッシュ・ハイウェイ沿いにあり、ユカタン州の首都から自動車で約一時間ちょっとのところです。このウシュマルに私を車で連れて行ってくれたガイドは、あまり観光客の多くない静かな季節には、自分の趣味の水脈占いをして、地下水のあるところを探すのだと私に言いました。彼は曲がった銅線を用いるのですが、土地の所有者に水を見つけるように頼まれると、その牧場へ行き、そこいらを歩き回って自分の腕に向かってこう語りかけるのです。「おまえはしっかりと固くなるんだ。そうすると銅線はちょうど水のあるところを指し示すのだ」と。「そしてたいていの場合、それが当たるのです」と彼は付け加えました。「私は数回失敗したこともありますが、それは私が疲れすぎていたか、十分精神集中ができなかったという理由によるものです」と彼は言いました。

こうした水脈占いで余分のお金を得て、大学を卒業でき、近いうちに母校の考古学の講師になるのだと私に話してくれました。彼はまた何枚かの地図を私に見せてくれましたが、そこには、いなくなった牛や羊を彼が見つけてやった場所が印してありました。彼はその地域の地図をよく調べ、自分の全注意力をいなくなった動物に集中しますと、例の針金は、その動物のいる場所を正確に指し示すのでした。

彼は自分の潜在意識の中に既にあった富を引き出していたにすぎない

この青年がまだ幼い子供だった時、父親が彼に、「おまえには水脈占いの才能が遺伝したな」と言ったのです。そしてこの少年は父の言葉を信じたのでした。潜在意識は暗示を受けやすいし、また暗示によって支配されるものですから、彼の潜在意識は彼の信念に反応したわけです。それに潜在意識はすべての知恵と知性と同じひろがりを持っており、すべてを見、すべてを知っているのです。そしてそれは、どこに水があるか、また、どこに金があるかを知っているのです。というのは全世界は普遍的な潜在意識から生じたものだからです。

彼の信念と、彼の潜在意識に対する確固たる命令のおかげで、彼が水のある地域を歩くと、彼の潜在意識は腕の筋肉を収縮させ、ある程度それを硬直させます。そして例の銅線にも働きかけて掘るべき場所を指示させるのです。私は彼のその技術に更に磨きをかけるには、自分の潜在意識に次のような暗示をかけたらよいだろうと、彼に言ってやりました。それは「おまえ（潜在意識）は何フィート深いところに水があるかも私に正確に告げられるのだ。そして信ずるごとくその人になされるのだ」という言葉でした。

建設的な想像の法則によって失意に打ち勝った未亡人

　ある未亡人が私のところにやって来ましたが、彼女はかなり意気消沈して、打ちひしがれた状態でした。彼女は自分の二階建ての家を売ろうと一年以上も努力していたのです。彼女はたくさんの人にその家を見せました。そして値段に文句を言う人は誰もいないのに、それを買おうと申し出る人は一人もいませんでした。その家をちゃんと手入れしておくことは彼女の手に余ることでした。それで彼女はどうしてもその家を売って「レジャー・ワールド」（訳者注・金持ちの老人たちの住むところらしい）に隠退する必要があったのです。そこには彼女のアパートが用意されていたのですから。

　私は彼女にどういうことを想像すべきかを示してやりました。彼女はその指示を信じてそれに従いました。すると三日もたたないうちに彼女の家は売れました。私の忠告に従って、眠りにつく前、十万ドルの小切手を手にしているところを想像しました。十万ドルというのはその家の値段だったのです。それから彼女は想像力を操作して、その金額を銀行に預金し、心の内に大きな満足感を味わいました。この後更に想像力でレジャー・ワールドのアパートに入りました。そこには以前に数回訪れたことがあり、それを買うという約束で、一ヵ月だけリザーブしてあったのです。

　うとうとと眠りにはいる状態の時、彼女は想像力の中でそのアパートのソファの上に眠りました。そしてちょうど眠りにはいる時に、「神の秩序に従って私の願いを叶えてくださった父なる神に感謝します」と言いました。彼女はこれを三晩続けて行ないました。そして四日目の朝に、東部海岸から来た経営者がその家を見てすぐに引っ越してくることを望みました。値段の折り合いもよく、そのほかすべての点もうまくいきました。彼は十万ドルの銀行小切手という形で、彼女に即金で支払ったのです。

ほんとうに想像力を働かすことは神を崇拝することだと言われてきております。アインシュタインは「想像力は知識よりも偉大である」と言っております。あなたが想像し、ほんとうだと感ずることは実現します。想像力はあなたのアイデアに衣類を着せ、それを実生活に投映するのです。あなたの心の描くイメージをたいせつに守りなさい。そうすれば、ある日そのイメージは、現実の生活というスクリーンの上に投映されていることに気づかれるでしょう。

競争からくる挫折感を想像力で克服した女優

半年も仕事のなかった美しい女優が私のところに来て、新しい映画の素敵な役をもらうチャンスがあるのだが、プロデューサーは他に三人も候補を考えていると言いました。いろいろプロデューサーと話したあとで、彼女は自分が正にその役にぴったりだと感じたと言うのです。私は彼女に競争という考えは、不安やあるいは過度の緊張を起こさせるだろうと言いました。それでその役はもらえないかもしれないと私は付け加えました。そして私は、彼女に信念と自信をもってこう断言しなさいとすすめました。「私は神の法と秩序に従って、最高水準において私の完全なる自己実現をさせてくださったことに対し感謝します。私はこの映画における私の役、あるいはかの無限なる者の富に従って、私にとってもすばらしく、もっと偉大で、もっと素敵な何かを受け入れます。それが働き給う神です」と。それから私は、「このことはいっさいあなたの潜在意識に解き放ってやりなさい」とすすめました。映画の契約の考えが頭に浮かんだらいつでも、「無限の知性がそのことを引き受けてくれるのだ」と言うようにさせました。

彼女が志望した例の映画の役はもらえませんでしたが、その後間もなく、外国映画とのすばらしい契約を結びました。それは前に望んだのよりもはるかに素敵で面白い役でした。仕事とか、任務とか、その他何であれ、あなたが競争しなければならないと思うようなことに直面したら、上に述べた簡単な方法をよく守り、答をもらう準備をしなさい。その答というのは、圧縮され、まとめられ、溢れるばかりになってあなたのところにやってくるのです。

成功と富を頭に描くことの報酬

数日前、私は夫といっしょにフランスで映画を作ろうとしている一人の女性から、素敵な手紙を受け取りました。数年前彼女はすべてのことが自分に反対し、自分の人生ではあらゆることがまずく行くと考えていました。しかし私は彼女にこうすすめてやったのです。成功を想像し続けなさい。規則的に繰り返すと、心に描いたイメージはあなたの否定的なところをすべて克服してくれるでしょう、想像力というものは正しく使えば成功と富に対する最も強力な能力なのです」と。

一日何回も彼女は自分のすばらしい成功とすばらしい仕事に対して、また彼女の幸福な結婚に対して、私が「おめでとう」と言っているところを心の中に描いたのです。私の書斎で会ってから数ヵ月後に、彼女は親類に会いにイギリスに行きました。そこで彼女は心から自分を愛してくれるすばらしい男性に会い、恋をしました。彼女はイギリスでたくさんのテレビの役を得て、今は南フランスで映画を作っているのです。

彼女はこう書いてよこしました。「心が期待し、描き、そして描き続けることは、五官のほうの証言ではそれを否定されるようなことでも、必ず起こるのだということはほんとうです」と。彼女も自分のよいことを敢えて想像し続けたのです。そしてその間中ずっと耐え、「雨だれもついには石をうがつ」(ルクレチウス)という言葉を証明したのです。「勝利はもっともよく耐える者のものである」(ナポレオン)。

マスター・イメージの不思議な力

あなたの持つ支配的イメージ、これをマスター・イメージと呼ぶことにしますが、これは、あなたの人生のすべての面を支配します。あなたが考えを二つ持っておれば、潜在意識はそのうちの支配的なほうを受け入れます(『眠りながら成功する』を参照してください)。ロスアンジェルスの下町に住む葉巻のセールスマンが、五年ほど前私を訪ねて、一時間ほど話しました。彼は今では五十万ドル以上の資産を持っております。しかしこの人は五年前にはやっと暮らしが立つかどうかのところだったのです。彼はトレイラー(訳者注・車で引っぱって歩ける住宅)の中に住み、男の子二人と妻と、しょっちゅう修理ばかりしていなければならない自動車を持っていました。

私は彼に自分の想像力を建設的に用いる方法を説明してやりました。そして私のすすめで彼は次のように書きつけました。「私は今、神の富を念じます。そして私の潜在意識はそれに応ずるのです。私は家族のために美しい家を念じます。妻と二人の息子と私はそれぞれ車を必要とします。そして私の潜在意識はこうした要請を実現してくれます。成功は私のものです。私はこの願いがすべて叶えられたことに対して今、感謝します。」

彼の奥さんは美しい庭を心の絵に描くことを習慣としました。二人は四台の車のはいるガレージと多額の金が入っている預金通帳を心に描きました。自分の潜在意識に次のようなメッセージを伝えました「私は常に活動的で、常に臨在し、不変にして永遠なる神の富に対していつも感謝しております。私は自分の昇進とすばぬけた成功に感謝します」と。

三ヵ月間何も起こりませんでした。それから突然彼は店のマネジャーに抜擢されました。それからすぐに彼の奥さんがテキサスにある土地で石油が出るところを遺産でもらったのです。その一家はテキサスに移住しましたが、彼はそこに美しい家と一台の車を持っており、経済的にも独立しております。というのは彼は五十万ドル以上の値打ちのある油田を自分が主人になってやっているからです。「耐える者は誰でも栄冠を与えられるであろう」（ハーデン）と書かれています。

◆あらゆるよき物のための神の仕事場とも言うべき効果的想像力を得る黙想

「『想像力なき民は滅ぶ』。私のビジョンは、神について、また神の働きについて、もっと多く知りたいということです。私のビジョンは完全な健康と、調和と平和です。私のビジョンは無限の霊がすべての点において今私を導き給うという内なる確信です。私の内なる神の力が私の祈りに応じ給うことを知り、また信じます。これが私の内なる深い確信です。」

「私が描き続ける心の絵は、私の潜在意識の中で展開し、現実というスクリーンの上に現出することを知っています。」

「自分のためにも、また他の人のためにも、高貴で、すばらしく、神のごときもののみを想像することを私の毎日の行としします。私は自分がやりたいと思っていることをやっているのを想像します。私は今、自分が持ちたいと思っている物を持っていると想像します。私は自分がなりたい者になっていると想像します。それを実現するために、それが現実であると感じます。そうであることを私は知っています。父なる神に感謝します。」

本章の要約——記憶してください

(1) 想像力なき魂は、望遠鏡を持っていない天文台のようなものです。想像力は人間の根源的な能力であり、それはあなたのアイデアに装いをさせて、現実の世界で目に見えるものにする力を持っています。

（2）あなたは自分が心から願い続けていることをずらりと書きこんだ「宝島の地図」を自分で書き上げることができます。その願いの一つ一つが叶えられるよう念じ、また想像しつつ、一日何回もそれを読みかえしてください。それをやり続けると、そのイメージは潜在意識の中に預け入れられ、そして潜在意識によって実現されることに気づくでしょう。

（3）あなたが会談とか法律上の係争の結果について心配し思い悩まれる時は、心を鎮めて、調和と平和と神の理解が関係者一同の心の中で働くように念じなさい。あなたにその仕事を与えてくれた人を選び出し、その人があなたに向かって、「例の事件については調和的な合意が得られた」と話しているところを想像し、その言葉を何度も何度も聞いているところを思い浮べなさい。「ハッピー・エンドだった」というのを子守唄のように繰返しながら眠りにつきなさい。あなたの潜在意識に解決をうまく植えこんでしまえば、神の合意があるでしょう。

（4）水脈占いの才能を遺伝的に受けついだと信じているガイドが、いわゆる「占い棒」（銅線）を持って歩いていました。そして自分が水のある地域を歩く時はいつも腕が堅くなって、その曲った銅線は正確に水のある場所を指し示すのだということを潜在意識に信じこませていたのです。彼の潜在意識はその核心に反応するので、彼はこの探査の分野で相当の金をもうけています。

（5）もしあなたが家を売りたいのになかなか売れなくて困っているようでしたら、その家が売れてその代金の金額が書きこんである小切手をあなたが手にしているところを、眠りにつく前に想像しなさい。その小切手に感謝し、それがほんとうであると実感し、それがすべて自然で驚くべきことであると感じなさい。そしてまたあなたがその金額を銀行の預金係の窓口で預金しているところを想像してください。あなた自身のより高い自己に感謝しなさい。そうすればあなたの祈るように奇跡が起こることがわかるでしょう。

（6）もしあなたが契約とか仕事とか映画の役などについて他の人と競争している時は、「私はかの無限なる者に従って、この仕事かあるいははるかにすばらしい別の仕事を受け取ります」と肯定して、不安や緊張をさけなさい。たとえあなたがその当面の地位につけなくても、それよりもはるかにすばらしい仕事が、あなたのより高い自身によってあなたのために開かれることでしょう。

（7）あなたの理性や五官からすれば、富を得たり、昇進したり、成功したりする可能性が全然ないような場合でも、あなたは成功と経済的自立と、素敵な家と、希望の状況に対するマスター・イメージを持ち続けなければいけません。自分のマスター・イメージが潜在意識に沈んでゆけば、そういったことは実現できるのだと確信して、そのマスター・イメージを持ち続けてください。五年前は週給たった百ドルの男が、心にイメージを持ち続けたところ、自分の夢をすべて実現し、五十万ドルの財産持ちになったという実例もあるのです。こういうのが全体的マスター・イメージの力です。辛抱強い者には栄冠が与えられるのです。

（8）この章の終りにある「黙想」を十分に利用して、想像力を最大限に活用できるようになり、あらゆる面で更に豊かな生活を実現してください。

第9章　無限増殖の法則はあなたの富を何倍にもします

世界中のすべての男女は、自分の幸福を増大することを求めております。どの男女に対しても神的な衝動は、登り、超え、成長し、発展せよとささやきかけているのです。これがとりもなおさず、「より高く登って来なさい。私はあなたを必要としているのだ」と言う内なる声なのです。

あなたはもっと財産が欲しい、もっと高い地位や友人や、もっとたくさんのお金や贅沢なものを欲しいと思っているでしょう。最善の衣食、最高の自動車、その他、人生のよきものすべてを欲しいと思っているでしょう。あなたはまた、世界中いたる所を旅行し、この宇宙のすばらしさや美しさや、人間が神に捧げた無数の美しい宗教建築を見物したいと思われるでしょう。何にもましてあなたは富を生み出す心の法則について知りたいと思われるでしょう。というのは、その心の法則を知ればあなたは自分の中にある無限の宝庫の扉を開き、もっと豊かな人生を体験することができるからです。

土壌の性質として、あなたがその中に種を播きますと、その種は増大され、増加するのです。大地にどんぐりを播けば、そのうち森林になるだろうと期待することができます。「しかしそれは神が増加させたのである」（第一コリント書　三・六）。同様にあなたが富や豊富や安全や適切な行為の考えをあなたの心の中に植え、その考えに信仰と期待の水をそそいでやると、富と名誉もあなたのものになります。

「増殖」というのは、あらゆる面においてあなたのよきものが、精神的に、情緒的に、社会的に、経済的に何倍にもなることです。どんな考えでも行為の始まりです。それであなたが自分の潜在意識の中にある富や、あなたのまわりにある富を考え始めると、全く驚くほどの富が、四方八方からあなたの所に流れこんでくるのです。

八月に私はプリンセス・イタリア号でゼミナールを指導して、カナダやアラスカの諸港を訪ねました。カナダのビクトリア港では、心の法則を学んでいる十八人の人が私の船を訪ねてきてくれて、われわれは約三時間、潜在意識の驚異と英知について語り合いました。そこにいた男女の何人かは『眠りながら成功する』（産業能率大学出版部刊）に述べられている原理を読んでそれを応用したところ、自分たちの人生が変わり、今までよりもはるかに大きい富と、幸福と、心の平和と、充実した生活を体験していると私に言いました。

「増殖」の法則を用いて巨富を得た男

プリンセス・イタリヤ号の船上で潜在意識に関するわれわれの話し合いを聞いていた男が、私にこう言いました。「何年か前、私はどうして自分がこんなに貧乏なのかと思っていました。私はほかの人の貧乏や窮乏を見ても心配になりました。私は時々親類を訪問した時も、家に帰ってきてはその人たちの経済的に困っていることや、貧乏や、病気などの話をし、いつも心の中でその人たちにボロを着せていました。そして私は自分も、神に繁栄を祈っているのに、どうしていつもこう貧乏なのだろうと思いました」と。

彼は心の科学のカウンセラーを訪ねて相談しました。するとそのカウンセラーは、「もし他の人が貧乏でいろいろと困っているところを考え続けますと、どんな考えにでも創造力があるので、あなたは自分のせっかくの祈りを片っぱしから中和していくことになり、自分を自分で貧乏にしているのです」と彼に言いました。このカウンセラーの言ったことこそ、偉大なる「開眼」であったと彼は言いました。彼は今までの考え方をひっくり返して、神は自分をも、またどの他人をも、すべての点で繁栄させてくれているのだと念じました。そして、彼は自分の出会うすべての人に神の富を念じ始めました。そして今でも彼はそれをやっているというのです。

今日、この人はアラスカに自家用の飛行機を二機も持っており、事業に非常に成功し、たいへんな金持ちになっています。彼は偉大なる実現の法則、つまり「他人のために祈ることはとりもなおさず自分のために祈っていることなのだ」という法則を学んだのでした。古いインディアンの諺にも「私の兄弟のところにもどってくる船は、私にもどってくる船だ」というのがあります。

「増殖」の法則を自分の個人的利益に利用した大学教授の話

今述べた船の旅で話し合った教師は、自分が成功して教授に昇進したのは、自分が勉強したという理由によるばかりでなく、大学の多くの同僚たちが昇進などするのを、絶えず規則的に、法則的に喜ぶことにしてきたという事実によるものである、と私に言いました。彼は自分の同僚が出世の階段を登って行くのを見て喜び、また非常に楽しく思いました。というのは他人の出世でも、それは普遍的に存在する神の豊かさと増殖の法則を示すものだと考えたからです。

「数年たってみると、自分の同僚の幸運の価値を認め、そのことを喜ぶことによって、同時に自分を自分で昇進させていたのだということがわかったのです」と彼は指摘しました。

彼の考えと感情は潜在意識に入りました。そして潜在意識に預け入れられたことは何であれ、その時の考え方の熱心さと喜びの強さ次第で、六倍にも百倍にも、千倍にもなって実現されることがあるのです。現在、彼はその大学での最も若い正教授です。みんなのための富と豊富な供給という考えを喜んで抱いてください。そうすればあなたはきっと自分の人生においても増殖の法則を体験なさるでしょう。

一ドルを増して一財産を築き上げた男の話

アラスカのジュノーで、ある商店主と話しているうち、私はこの人が七年前はポケットにたった一ドルしか持っていなかったのだということを知りました。彼はこう言いました。「私は銀色をした銀貨を見ながら、この世の中のすべてのものは、神か人間か、いずれかの心の中から生ずるのだと自分に話しかけ始めました。それからその銀貨を手に握りしめて、約一時間ほど、繰り返し繰り返し、『神はこれを極度に増加し給うのだ。神は増殖させ給うのだから』と唱えました。」

この精神的な実践をしたあとで、すぐ彼は道路で百ドル札を拾いました。このおかげで彼はホテルに泊って数日間生きて行くことができました。彼はレストランで仕事を見つけ、お金をためて飛行機の操縦を習いました。そして今日、彼はアルバイトの一つとして辺境飛行士の仕事をしております。時々彼は人々を乗せてアラスカとか氷山とか、山とか、その他の美しい景色のある場所とか、いたるところを飛びます。この変わった仕事をして、七年間に五十万ドル以上の財産をこしらえた、と彼は私に言いました。

こうなったのも、ひとえに自分がすべての恩恵の根源に心を向けて、それから神の富はふんだんに、楽しげに、終りもなく、休むこともなく自分の生活に流れこんでくるのだということを大胆に念じたからだと言っております。彼の潜在意識は、彼の精神的態度に千倍もの応答を与えてくれたのです。

あなたには「増殖」のための機会が絶えずあります

あなたは心の法則を使ってあらゆる面で前進し、向上し、発展することができます。あなたが今働いているところで最善のものを与えなさい。つまり思いやりがあって、優しく、愛きょうがあり、人を愛し、あなたの周囲のすべての人、またどこの人に対しても親切で善意に溢れているようでありなさい。考えを大きく持ってください。豊富と成長の法則を観想してください。そうすれば、その証拠はあなたの周囲のどこにも見つかるでしょう。あなたが今やっていることを祝福してください。そしてそれは勝利と達成への踏み石にすぎないのだと悟ってください。あなたの真の価値を認識し、富と昇進と世間に認められることを心の中で念じてくださ い。あなたが一日に会う人だれにでも、それが上役であれ、同僚であれ、お客さんであれ、友人であれ、みんなに富と発展を必ず念じてあげなさい。こうするのを習慣としなさい。そうすればあなたの潜在意識に種を植えつけるのに成功するでしょう。それのみならず、他の人もあなたが富と昇進を放射していることを感じることでしょう。そして牽引の法則が新しいチャンスに至るドアをあなたに開いてくれるでしょう。

心に描いた絵によって昇進した男の話

一九七〇年、私はスペインとポルトガルへの旅に出ていましたが、その時、コロンビアからの友達の客になりました。セビラにはジラルダ・タワーがありますが、この建物は世界最大のゴシック建築のカテドラルであって、この中にはクリストファー・コロンブスの遺物がはいって来ております。ここで私は一人の青年に会いました。彼は二十七歳で、エクワドルからやって来て、スペイン語やポルトガル語の他に英語もすばらしく上手でした。

彼はそれより約五年前に起こった面白い経験を指摘しました。ロスアンジェルスにいる友だちが彼に『眠りながら成功する』（産業能率大学出版部刊）を一部郵送してくれたのです。彼はそれを熱心に読んで、そこに書かれていたテクニックの一つに従いました。彼は当時、大学を卒業するところでしたが、毎晩眠りにつく前に、ガイドになって個人的グループをスペインとポルトガルに連れて行くところを心の絵に描きました。そして潜在意識の力と知恵が自分を支持してくれることを理解し信じました。心に描いた絵は自分の潜在意識の中で現像され、客観的世界に実現されるという信念を持ちました。

その結果は面白いものでした。彼の教授の一人が、非常に金持ちのカナダ人夫婦をスペインとポルトガルに連れて行って、ガイドと通訳の役をしてやってくれないか、と彼に頼んだのです。彼は大喜びでその申し出を受け取りました。この夫婦はたくさんの金持ちの友人を持っていたので、その人たちのためにも個人的なガイドや運転手や通訳をし、スペインとポルトガルにいる間、彼はずっと忙しく働きました。彼の費用はすべて支払ってもらい、一年で約一万ドルの純収入がありましたが、これはスペインやポルトガルの青年にとっては例外的な高収入です。

彼は自分が何をやっているのか、また、なぜやっているのか知っていました。疑いもなく牽引の法則がわれわれ二人を引きよせてくれました。というのは私もこの旅行中、著述の材料を集めていたからです。この世の中にあなたが前進してゆくのを押え、制限し抑圧するものは、あなた自身以外、つまりあなたが自分のことをどう考えているかという、あなたの自己観以外には何もないのです。もしあなたが昇進や真の自己実現や社会的地位や威信を求めたり想像しているのならば、あなたの潜在意識はそれを実現する力があるのだということを信じなさい。そうすればあなたは向上一路の人生に入ることになり、神の富を今ここで体験することになりましょう。

増殖の法則を利用できなかった実業家

ある実業家が、自分は繁栄と豊富と成功を肯定してきたのに、何の効果もないと私に文句を言ってきました。彼と話していますと、私は、彼は実際のところでは自分が経済的に困っていることを自慢げに話しているのだ、ということがわかりました。更に彼は政府や税金や、福祉や全政治機構を責めていたのです。彼は自分が状況の主人なのではなく、自分は状況や環境の犠牲だと信じていたのです。

私が心の法則を説明してあげますと、彼は自分が不平を言い、自分の抱えている経済的な問題をくどくどしゃべっているかぎり、それはその問題を拡大し、自らを貧しくしているにすぎないのであるということ、というわけは、自分が注意を向けることは潜在意識が増加するからだ、ということを理解しました。

彼は間違った考え方をひっくり返した

私のすすめに従って、彼は自分の考え方をひっくり返しました。そして創造的な考え方を実践してはじめて、周囲の環境や条件を超えることができるのだということを悟りだしたのです。彼の日々の祈りは次のようなものでした。

「私の仕事は神の仕事です。そして神の仕事はいつも繁栄します。私は神の富を賢明に、聡明に、建設的に使って、私自身と他の人を祝福します。私は増殖の法則が今働いていることを知っています。そして私は神の富と豊かな増殖に心を開いて、それを受け入れる準備ができております。私は自分の潜在意識による無限の宝庫から内外ともに豊富に供給を受けます。昼も夜も私は自分の提供する物を欲しがる人々をますます多く引きつけています。彼らも繁栄せしめられ、私も繁栄せしめられます。私の頭も心も神の富の流入に対して、今もこれからもいつも開いております。」

彼が自分の心を、こういう内なる真理で満たすにつれて彼の仕事は繁栄し、彼の外からの供給も更に豊かになりました。その月の終り頃になりますと、彼は自分の経済的状況が一変したことに気づきました。彼はよきことを肯定し、欠乏や窮乏についてこぼすことをやめることが非常に有利であることがわかりました。彼は神の富へ注意を向けることが経済的成功への鍵であることを発見したのです。

詩篇第二十三章にある「わが杯《さかづき》はあふれる」という言葉の意味

コロンビアからの友人といっしょに私は国際的に有名なファチマの教会のところで昼食をとることにしました。そして腰をおろすかおろさないかのうちに、アラバマからの少女が私たちのテーブルにやってきて自己紹介してからこう言いました。「マーフィー博士、去年先生がくださったお手紙とお祈り、どうもありがとうございました。私はご指示に従いました。そしてそのおかげで私はここに来ているのです」と。

私はその手紙のことを覚えていませんでした。彼女の説明によりますと、彼女はファチマの聖堂に行きたいのだが、お金がないので、どうお祈りしたらよいかを手紙で聞いてきたというのです。彼女が言うところをまとめてみると、この女子高校生はファチマの奇跡の物語を読んで、この聖堂に行ってみたいという強い願望を持ったのですが、両親は非常に貧しいので、そうしてやる余裕がなかった、ということでした。

彼女は私が与えたという祈りの写しを持っていました。それは「神の秩序に従い、神の愛によって、夏の間ファチマの聖堂に行く道を神は私のために開いてくださいます」というのでした。私はまたこうもすすめたとのことです。「毎晩、身体の動きを休め、リスボンで飛行機から降り、鞄を開いてポルトガルの税関吏にパスポートを見せているところを想像しなさい。そして想像の中でその聖堂に実際に行き、教会に入り、実際にそこに行ったとしたら、きっと見たり聞いたりしたりするようなことを、実感しなさい。そしてこのことすべてが自然で現実的と感じられるようになるまで、毎晩この光景を自分の頭の中に描きながら眠りにつくようにしなさい。そしてこうすることがしっくりしてきたように感ずる時、その道は開かれるでしょう」と。

彼女が言うには、この祈り方に従って二週間もやってみたところ、もう祈りたくなくなったとのことです。という理由は、明らかに彼女はその状況を潜在意識に固定することに成功したためでしょう。彼女は友だちの家に招かれて週末をすごしたのですが、その友だちの父親は一九七〇年にポルトガルとスペインに旅行しようとしており、例の聖堂をも訪れる予定でした。彼女もその家の客としていっしょにこないかとさそわれたのです。彼女はその招待をすぐ受け入れました。

聖書にはこう書いてあります。「私はあなたがたのために場所を準備しに行きます。そして行って場所を準備したら、あなたたちをいっしょに連れて行くために私は帰ってこよう。それは私がいるところにあなたたちもいさせたいからである」（ヨハネ伝　一四・二、三）。

この女子高校生は自分の行きたい場所を、訓練された想像力の中で準備したのです。そしてしっくりした感じがして、自分の潜在意識にその光景を植えつけることに成功したということがわかったという瞬間がきました。それはもうそのことについて祈りたくないということでわかったのです。すると潜在意識が受け取って、彼女の友だちのお父さんの心に働きかけたのです。そしてこの友だちの父親が、彼女の祈りに対する解答のくる通路となったわけです。

彼女は私に「わが杯はあふれる」（詩篇　二三・五）と言いました。

こうも書いてあります。「求めよ、さらば与えられん」と。

◆あなたの仕事上の成功のための黙想

すべてにおいてあなたの「成功の杯」を満たすように次の強力な黙想を利用してください。「私は今、神がどこにもいて、またすべてにおいて働くということをよく考えます。私はこの無限の英知が星を運行させているのだということを知っています。この同じ神の知性が私のすべての問題を支配し、導き給うことを知っています。私は神の理解が常に私のものであることを念じ、また信じております。私は自分のすべての活動が、この内に住む神によって支配されていることを知っています。私の動機はすべて神のごときもので、真理であります。神の知恵と真理と美は、常に私によって表現されるのです。私の内なる全知なる者は、何をなすべきかも、いかになすべきかも知っております。私の仕事は神の愛によって完全に統御され、支配され、導かれています。神の導きは私のものです。私は神の答を知っています。というのは、私の心は安らいでいますから。私は永遠なる腕に抱かれて休みます。」

本章の要約——記憶してください

（1）増殖は世界中のすべての人が求めていることです。より充実した、より偉大な、より壮大な自己実現を求めるのは、われわれの内にある神の衝動なのです。土に小麦や大麦や烏麦を植えるのはあなたですが、麦の種を千倍にも増殖されるのは神なのです。

（2）増殖とは、すべての面においてあなたのよきものをふやすことです。

（3）他人が経済的に困っていることとか、他人の貧乏とか、他人の病気の話をしてはいけません。そうすることは自分自身に更に欠乏を引きつけることなのです。あなたの心の中では誰にも神の富で装いさせてください。あなたの経済的困窮について考えることをやめなさい。また自分にお金がないことなどを話すのをやめなさい。あなたの内にも外にもいるかの無限なる者の富に注意を向けなさい。そうすればあなたは栄えます。注意は生命への鍵です。

（4）あなたの周囲の人みんなの、前進と幸運と富と昇進を喜びなさい。ほかの人が神の富を体験し、描き、それを実証しているのを見たら、極度に喜びなさい。そうしてあなたがこうしていると、あらゆる種類の富を自分自身に引きつけることになります。あなたの考えは創造する力があります。そしてあなたが他人について考えることを、自分自身の体験の中で作り出しているのです。

（5）お札であろうが硬貨であろうが、お金と仲よくしなさい。すべてのものは神かあるいは人間の見えざる精神から生じてくるものであることを悟りなさい。神、すなわち無限の霊はすべての恩恵の根源であること、また、あなたが呼びかければ応答してくれるというのが、この無限なる者の性質であるということを悟ってください。手元にたった一ドルしかなくなった男が、一時間以上も、「神はこの一ドルを極度にふやしてくださいます。というのは神は増殖させ給うからです」と肯定しました。彼の潜在意識はすべてのドアを彼のために開きました。そして短期間の間に彼はものすごい成功をして一財産を築きました。

（6）あなたは何になりたいのか、何をしたいのか、また何を持ちたいのかについて、はっきりした心の絵を描いてください。あなたの潜在意識の力と知恵があなたを支持してくることを知りなさい。辛抱強く、あなたのなりたいものになる決心をしなさい。あなたの心の絵は潜在意識の中で現像され、客観世界で実現されるのです。

（7）もしあなたがお金の増殖を祈るならば、政府だとか、福祉機構だとか、税金などを責めてはいけません。そんなことをしますと、お金はあなたに飛びこんでこないで、あなたから飛び去ってしまいます。あなたはもっとお金が欲しいのです。神の富はあなたの人生を循環して流れているのであり、いつも神の手による余剰があることを悟ってくださ い。あなたが批判し責めることはあなたの人生に現われて来ます。あなたは自分の考えるものになります。神はあなたの持っているものを極度にふやしてくれること、あなたの仕事は神の仕事であること、あなたは夢にも見なかったほど栄えるということを考えてください。

(8) 世界一周旅行や、ある特定の場所に旅行したいと思うのに、財布にお金がない時は、「神の秩序に従い、神の愛によって私が世界周遊できるよう、神はすべてのドアを私のために開いてくださいます」と理解をこめ感情をこめて肯定してください。あなた自身がパスポートを持って飛行機や船にのり、世界各地の名所を訪れているところを心に描いてください。その現実感を持てるようになるまで、あなたの想像力の中でその現実に入りこんでください。その心の絵を潜在意識の中に固定するやいなや、道は開かれ、夜明けがおとずれ、すべての影は逃げ去るのです。「求めよ、さらば与えられん」(マタイ伝 七・七)。

(9) この章の終りにある「黙想」を利用すれば、あなたの繁栄した生活の杯を満たすのに、特別の利益があるでしょう。

第10章　「自動的な富」へ至る門を開き、贅沢な生活に歩んでいく方法

無限の富に至る鍵は、魔法のような精神的宝石ともいうべき聖書の中の次の言葉の中にかくされています。「私は彼らに生命を、より豊かな生命を与えるために来たのである」（ヨハネ伝一〇・一〇）。

大昔から人は富と成功へ至る鍵を求めてきています。しかしその鍵が自分自身の中にあることをまだ知らないのです。

あなたがこの世に生まれたのは、充実して幸福な生活を送り、隠された才能を表現し、あなたの中にとじこめられている輝きを解き放つためなのです。神は与える者であり、また与えられた者でもあります。そして神のすべての富は、あなたに発見され、応用され、享受されることを待っているのです。

あなたの心の法則を応用すれば、あなたの内なる宝庫から、自分が豊かで栄光あり、豊富で満足のゆく生活をおくるために必要なものは、それが何であれ、いつでも引き出すことができるのです。

富に至る道を自分で開いた若い女性

数年前、私は「エマソン（訳者注・コンコードの聖人といわれた十八世紀のアメリカの哲人）に照らしてみた精神の法則」という題目について、研究会を開きました。そこに一人の若い女性が出席していましたが、彼女はその朝、自分と二人の子供のための経済的援助を求めて困窮者の救済機関に行ってきたところでした。彼女の夫は仕事を放棄して、それきり消えてしまっていたのです。彼女は、私がエマソンを引用しながら、それを心の法則に照らしながら解説してゆくのを聞いていました。エマソンは次のように言っています。「私のすべての講演の中で、私はただ一つの教義を教えてきました。すなわち、個人の無限性、誰でも自分の中にある神をいつでも利用できること、この自己の内にある神から、誰でも必要に応じて、尽きることのない力を引き出せること、これである」と。

エマソンのこの言葉は彼女に深い印象を与えました。というのは彼女はこれを新しい視点から見たからです。彼女は大学でエマソンを勉強したことがあるのですが、それは単なる文学としてでした。そして勉強したことから何も得るところがなかったと彼女は言いました。自分の内にある神から富を引き出すために彼女が唱えた祈りは、次のようなものでした。

彼女はこうしてお金を現出させた

一日数回、彼女は感情をこめて熱心に、またよく理解しながらこう断言しました。「私は自分の内なる富源を認めます。そして私は自分の考えと接触します。また富への道が今や私のために広く開かれていることに感謝します。そして神の富はふんだんに私に流れこんできます。ますます多くのお金が毎日私の生活の中を循環しております。私の人生の毎日毎日、私は精神的に経済的に、またすべての面においてますます豊かになっていきます。お金は私の人生を循環している神のアイデアです。そしていつも余るほどあります」と。

「すべてのものを豊かに享受せしめ給う生ける神」（第一チモテオ書　六・一七）と聖書にもあります。

「自分の心の中で考えるように、自分の外側の生活もなるのだ」ということを、彼女は悟り始めました。エマソンも「どの人の場合も、その鍵はその人の考えていることだ」と言っております。彼女が信念をこめて、大胆に、注意深く、断固として、お金について、経済的安定について、すべての面における成功についての、黙想を続けて約三週間たった時、ヒューストンの一弁護士から一通の知らせを受け取りました。それによりますと、彼女の祖母が死んで、非常によく石油の出る油田の一つを彼女に遺贈したので、そこから生ずる収入をすぐに受けとることになるという内容のものでした。彼女の経済的問題は法律的に解決しました。そしてその油田のほんとうの価値はおそらく数百万ドルになるものと思われます。彼女は数百万ドルへの門は自分の潜在意識を通じて開かれたことを発見したのでした。潜在意識のやり方は人智であらかじめ知りえないものです。

真の自己実現への門を見つけた男

少し前のことですが、私は一人の男に会いました。この人は三十年間も働いていた会社から新しい所有者によって解雇されたのでした。彼が私に言うところでは、いろいろなところに応募したけれども、年齢のせいでどこでも断わられたとのことでした。私は彼に、「あなたが売り込んでいるのは年齢ではなくて、三十年間も蓄積してきた知識と経験と知恵なのです。そしてあなたが探しているのはほんとうはあなた自身なのです」ということを説明してやりました。毎晩毎晩、彼は自分の潜在意識こそ、自己実現と、豊富と、人生の富への鍵であることを確信しながら、次のように祈ったのです。

「無限の知性は私の隠された才能を知っており、神の秩序に従って自己実現への新しいドアを私のために開いてくださいます。この知識はただちに私の意識する心に示されます。そして私の心の中に明らかに、はっきりと浮かんでくる指示に従います。」

一週間経った時、彼は自分の属するクラブで旧友に会いました。そしてこの友だちは彼に、「トム、うちの会社に君のための席があるんだよ。正に君にぴったりの役だと思うんだがな」と言いました。彼はこの申し出を直ちに受け入れましたが、それは前の地位よりもずっと収入の多いものであることがわかりました。

あなたが人生の富に接触するのは外からではなくて、内からなのだということを忘れないでください。ラジオやテレビが氾濫している時代ですが、あなたの欲する番組を見るためには、それに合ったチャンネルや周波数にまわさなければならないのです。

日本への旅行を実現した女性

私の朝のラジオ番組を聞いていた日本人女性が、今年三ヵ月間、日本を訪問することになったいきさつを私に話してくれました。彼女は私がある朝こう話したというのです。「もしあなたが旅行したいのに、ポケットに一ペニーもないとしても、解答は既に得たのだと信じて、自分の祈りは既に潜在意識の中で答えられたのだという信念を示すような行為をしなければいけません。つまり、パスポートや鞄や、そのほか海外旅行に必要なことは全部ととのえて、既にその国にいるとか、飛行機にのっているのだという精神的態度をとらなければなりません」と。

この女性はパスポートをとり、予防注射も受け、日本旅行のための案内書などを手に入れました。そして自分が東京にいるおばあさんを抱きしめてキスし、日本語で元気よく話し合っている光景を想像しました。彼女は毎晩何度も何度も繰り返してこの役割を演じてみたので、ついにはそれが自然と感ずるようになり、更におばあさんを抱きしめ、その声を聞くということが、生き生きと感覚的に体験できるようになったのです。

こうした祈り方をやってから間もなく、彼女は若い弁護士と出会いました。そして私は嬉しいことには、この二人の結婚式の司祭をしました。この新郎は新婦を三ヵ月間の新婚旅行に日本に連れて行ったのです。そして彼女はおばあさんと楽しい再会をしました。彼女の潜在意識の知恵は、彼女の祈りに答えてくれただけでなく、彼女のよきものを拡大して、その人生に愛とロマンスをもたらしてくれたのです。あなたの潜在意識はあなたに常に複利をつけて返してくれます。あなたのよきものは、予見できない方法であなたを訪れることがあるのです。

実体はあなたが必要とするだけのお金に至る門になると物理学は言います

若い物理学者が最近私を訪ねてきて、アインシュタイン及びすべての近代の物理学者たちは、精神と物質が同一であること、またエネルギーと物質は相互に交換したり転換したりできること、物質は精神の低次のものであり、精神は物質の最高次のものであるということを悟っていることを指摘しました。別の言葉で言えば、物質も精神も同じなのです。更にその物質とは普遍的実体であり、これは別の言葉で言えば、精神あるいはエネルギーが圧縮されて見えるようになったものだということです。形ある世界も形のない世界も、精神と呼ばれる一つの実体から作り上げられているのです。すべてのものは、精神の自己観想から作られています。

彼はまた私に次のように言いました。「私がアメリカに来た時、私は十ドルしか持っていませんでした。しかし私はうろたえませんでした。というのは見えざるものは見えるようになることを知っていたからです。それで私はホテルの自室の中でこう断言しました。『神の精神は私の即座の、また永久の供給源である。それは食物とか、衣類とか、お金とか、友だちとか、私が今ここで必要とするすべてのものの形をとって現われます。私はこれを念じ、今、これらが現出してくることを知っています。というのは神は永遠の今だからです』」と。

彼のよきものは、全く見知らぬ人を通じて彼にやって来ました。彼はこの人にホテルのエレベーターで出会ったのです。この二人はすばらしく英語がよくできたのですが、この時はフランス語で活発な会話を交わしました。するとこの見知らぬ人は彼に電子工学の研究をやっている会社に就職口の世話をしてくれたのです。彼はその後昇進して今ではその会社の役員になっております。

神、別の言葉で言えば全能なる生ける精神にして、けっして尽きることのないあなたのための即座にして永遠なる供給者を、自分の心の中で肯定することの力を過少評価するようなことは絶対あってなりません。その力を肯定しますと、それは無数の方法で、また無数の通路から現われてきます。時として見知らぬ人を通じて現われてくることもあります。あなた自身の中でほほえみながらゆっくり休んでいる神与の能力を利用することによって、あなたはあらゆる面で豊かに、必然的に繁栄するように生まれついているのだ、ということを忘れないでください。

他の人が富と自己実現と名誉の門に至るのを助けてやる方法

もし友だちとか、親類とか、同僚とか、そのほか誰であれ、自分の真の自己実現を求め、豊かに生き、豊かに与えるようになりたいと言ってあなたの助けを求めてきたら、次の祈りと観想を用いて、その人たちのためにもろもろの力を活性化してあげてください。

「かの無限の精神の英知は、〇〇さんの真の自己実現の門を開いてくださいます。そこで〇〇さんは自分のやりたいことをやり、神によって幸福に、神によって繁栄せしめられます。

○○さんは神の手によって、自分の才能を認めてくれるしかるべき人に導かれて行きます。そして○○さんはすばらしい仕事をして、すばらしい、また驚くほどの収入を得ます。○○さんは自分の真の価値に気づき、夢にも見なかったほど豊かに神の富にめぐまれ、繁栄せしめられます。私はこの祈りを潜在意識に引き渡しますが、私の潜在意識は私の祈りを達成するノー・ハウを持っていて、神の秩序に従って実現してくれます。」

この祈りをゆっくりと、静かに、感情と理解をこめ、一語一語に生命と愛と熱情をそそぎながら繰り返してください。そうしますと潜在意識の英知がいかに応えてくれるものであるか、びっくりなさることでしょう。それはやり損うことがないのです。

富へ至る門を閉ざした男の態度

最近、サンディエゴで連続講演をしていた時のことですが、一人の男が私に会いにホテルに来ました。彼は朝な夕な繁栄と昇進を祈ってきていました。彼はよい教育を受け、政府の仕事をしてきていたのですが、ここ数年間、一度の昇給も昇進もなかったというのです。それどころかなお悪いことには、彼は株で大損をし、特に銀の先物買いでひどい目に会ったのでした。「私は完全にやられました」と彼は言いました。彼と話しているうちに私は、彼が以前の雇主にも、現在の職場の上役にも根深い恨みと偏見を持っていることを発見しました。

私は彼にこう説明してやりました。「あなたの心は敵意や恨みや腹立ちなどでごちゃごちゃしており、それに加えて失敗者の態度があるので、せっかくのあなたの祈りも、酸にアルカリをまぜたように、中和されてしまったのです」と。

　私は彼に、心の向け方を変えて、繁栄の思考を強め、自分をも他人をも許すような精神にはいっていくようにすすめました。このすすめに従って彼は、次のような祈りのテクニックを実践し始めました。「否定的な、また破壊的な考えを抱いていた自分を許します。また、前の雇主をも、今の職場の人をも完全に神に解き放してやり、この人たちみんなに生命のすべての祝福を祈念してやります。この人たちの誰かのことを思い出したら、私はいつでもすぐに『私はあなたを解放してやったのだ。神があなたと共にあらんことを』と肯定してやります。私がこれを続けてゆけば、私が心の中でこの人たちに会っても、もはや、ずきずきと心を刺されるようなことはないのだということを知っています。私は今昇進を念じ、成功を念じ、調和を念じます。神の法と秩序は今や私のものなのです。神の富は雪崩のように豊かに私に流れ込んできます。生命とは成長であり発展であります。そして私は、常に働き、常に存在し、不変にして永遠なる神の富を流入させる開いた水路です。私は今や内と外の富に感謝します。そして私が今念じていることは実現し、神の光は私の上に輝くのです。」

　彼は一日数回、この祈りを繰り返し、その日の前に肯定したことをその後で否定することがないようにしました。そして気がついてみると、自分が新しい人々を引きつけており、潜在意識に関する本や先生や研究会にも「導かれて」行くようになっていました。彼は自分の潜在意識の微妙な力を作動させ、これがまた自分の習慣的な考え方や祈りの生活と関連していることを発見しました。彼は昇進してロスアンジェルスの事務所に転任し、大幅な昇給を受けたのです。彼は自分の態度の変わったことが、ほんとうに夢の実現への門であったことを発見しました。高貴な夢を、神のごとくなる夢を見なさい。それはあなたが夢みるように、現実にもそうなるからです。あなたは自分の夢のあるところへ行くのです。

◆適切な行為に至る門を開くための黙想

次の黙想を行なえば、いかなる状況の下でも適切な行為をとる判断力と自信を作り上げます。「私は思考においても、言葉においても、行為においても、すべての人類に善意を放射します。私がみんなに放射する平和と善意は千倍にもなって私にもどってくることを知っています。私の知る必要のあることは、私の内なる神自身から私に来ることを知っています。無限の知性は私を通じて働いており、私の知る必要のあることを私に示してくれるのです。私の内なる神のみが答を知っております。完全なる答が今、私に知らされます。無限の知性と神の英知は私を通じてすべての決断をくだし、私の人生においては適切な行為と適切な表現のみが起こるのです。毎晩、私は神の愛のマントに包まれ、神の導きが私のものであることを知りつつ眠りにはいります。夜明けがくる時、私の心は平和で満たされております。私は信念と自信と信頼に満ちて新しい日に入っていきます。父なる神に感謝します。」

本章の要約——記憶してください

（1）無限の富に至る門は、あの精神的な宝石、「私は彼らが生命を、もっと豊かな生命を持つようにとやってきたのである」（ヨハネ伝　一〇・一〇）という聖書の言葉に基づいています。あなたは充実した、幸福で豊かな人生を送るためにこの世に生まれてきたのです。あなたは人生から幸福の最後の一滴までしぼり出すために生まれてきたのです。

（2）エマソンは一つの教義、つまり個人の無限性を教えました。これはかの無限なる者の富があなたの中にあることを意味しております。このことはまた、あなたの思考態度によって、あなたは自分に内在する神の知性のもつすべての力に触れることができるということを意味しております。そしてあなたが富と、導きと、霊感と、創造的なアイデアについて考えていると、あなたの考えの性質に応じた反応があります。それは反応することによって、答えるのです。

（3）あなたが雇主に売っているのは自分の年齢ではなくて、年月をかけて蓄積してきたあなたの才能と、能力と、英知と体験です。あなたが求めているものは、同時にあなたを求めているのだと悟ってください。そして永遠の精神があなたの自己実現の場の新しい扉を開いているのであり、そこにおいては、あなたは経済的に豊かな報酬を受けるのだと念じてください。そうすればそれはそのように応じてくれます。やりそこなうことはないのです。

（4）もし、あなたが世界一周旅行とか、ある特定の外国に行きたいと思うなら、あなたの祈りが叶えられたかのごとくふるまい、もしお金が懐中にあったら旅行準備のためにするようなことをすべてしなさい。「あなたはそれを今所有しているのだと信じなさい。そうすればあなたはそれを受け取るでしょう。」あなたはパスポートとか身分証明書を注文して、想像の中でもう自分がその国や町に今いるのだと感ずることができます。それがあなたの潜在意識に達するまで、しばしばこの想像上の劇を繰り返しなさい。そうすればそれは実現します。

（5）精神と物質は一つです。エネルギーと物質は一つです。科学者は神である精神に対してエネルギーという術語を用いています。神は唯一の存在であり、力であり、原因であり、実体です。したがって精神はお金とか、食物とか、衣類とか、草とか野原とか、すべての金属の実体です。また全物質界は形のある精神、あるいは見えるようになるまで圧縮された精神にすぎません。神、つまり精神は、あなたの即座の、また、恒久的供給源であること、そしてお金は正にこの瞬間にもふんだんに、楽しげに、限りなくあなたに流れてきているのだと念じなさい。形なきものは、常に形をとろうとしているのだということを信じ、知り、実感し、理解してください。お金やあらゆる種類の富が、今、あなたに流れてくるようにしてください。

（6）あなたがほかの人のために富や真の自己実現を祈ってやりたいならば、無限の精神がその人の真の自己実現の道を開いてくれ、神の富が雪崩のように豊富にその人に流れていくのだということを実感してください。

（7）態度を変えるとすべてが変わります。もしすべての人に対して許しの精神と善意を重んじ、また、失敗や欠乏や反感に関する考えを抱いていた自分を許し、それから昇進と富と発展と、名誉と、威信と、みんなに認められることなどについての考えに、生命と愛とエネルギーと活力を注ぎこむならば、潜在意識は複利をつけて応えてくれ、砂漠のような生活も、喜びに満ち、バラのように花ひらくでしょう。

（8）本章の終りにある「黙想」を、適切な行為を決めようとするあなたの考えに浸透させてください。

第11章　富の目標を選び、それを直ちに受け取る法

「あなたがたは誰に仕えたいのか、それを今日えらぶがよい」（ヨシュア書　二四・一五）と聖書に書いてあります。

健康、富、繁栄、人生の成功に至る鍵は決断を下すというあなたのすばらしい才能にひそんでおります。あなたの中には既に無限の知恵と力が入っており、どんな問題でも解決できるし、豊かで幸福で楽しく自由になれるのだという偉大な真理に目ざめること――これがあなたのなしうる最大の発見です。あなたは勝者たるべく生まれたのであり、自分の運命の主となり、頭《かしら》になれるだけの、神の力を自分の中にそなえているのです。

あなたの心の内なる天の王国、これがあなたの潜在意識に住んでいる神の精神なのですが、ここからあなたは自分の好きなものを選べるという能力を持っているのです。しかしあなたが自分のこの能力に気づいていないならば、あなたは自分の外にある事件や、環境や条件に基づいて選択したり決定したりすることになります。なお悪いことには、あなたは自分の内なる力を無視するようになり、一時的な外側の力をたたえることになります。あなたの内なる神の王国から選択し、幸福と健康と自由と富裕なる生活を送る喜びへ至る大道を前進してください。

選択の力

あなたの選択する力は、あなたの特質をもっともよく示すものであり、またあなたの最高の大権であります。あなたの選択する能力と、選択したものを始める能力ほど、あなたの神の子としての創造力をよく示してくれるものはありません。

選択の力で人生を変えた男

アル中、つまり酒を飲まずにはおれない人が数ヵ月前に私を訪ねてきました。私はこの人に向かって、「あなたはただちに今ここで、節酒と、心の平和と、幸福と、繁栄を選択できるのです」ということを説明してやりました。この人は自分でも「呪《のろ》い」と言っていたアルコールから自由になろうというまじめな願いを持っていました。

私は彼に次のような祈りを与えました。

「私はただちにここで、健康と、心の平和と、自由と、節酒を選びます。これが私の決定です。私は全能の力が私の選択を支持してくれることを知っています。私はくつろいでいます。そして神の平和の河は私を貫いて流れます。私の精神的食物と飲物は、神のアイデアであり、永遠の真理であります。そしてこれが私の中で展開して、私に調和と健康と平和と喜びをもたらしてくれます。私の想像の中において、私は自分の家族といっしょになり、やりたいと思うことをやります。そして私は神の手によって幸せにされております。酒を飲みたいという衝動が起こったら、心の中でこの精神的映像を写します。するとと神なる力が私を支えてくれます。」

彼は一日に四回か五回、この祈りを繰り返しました。それと同時に、自分は今、こういう考えを潜在意識に刻みこんでいるのだということ、また何度も繰り返され、納得し、また断固として肯定した思考の型を潜在意識は受け入れてくれるものである、ということを意識し続けました。決心がゆらぐことや、いらいらすることが時にありましたが、彼は自分の心のスクリーンの上に、自分が家にもどって妻や子供といっしょにいるところや、前の仕事をやっているところを映画のようにして映し出しました。飲酒の悪習慣をやめようという願望のほうが、それを続けようという欲求よりも大きかったのです。そして彼の潜在意識がそれを支援してくれました。

適切な選択から生ずる富は万人のもの

毎朝目がさめたら、次のような永遠の真理を選びなさい。そしてあなたの一生の体験や状態や環境は、あなたのやった選択の総決算であることを思い出してください。次のように大胆に肯定してください。

「今日は神の日です。私は調和と平和と完全なる健康と、神の法と秩序と、神の愛と美と豊富と安全と、いと高き所からの霊感を選びます。このような真理が私の人生に生ずるように念ずる時、私は潜在意識の力を目ざめさせて活性化するのであり、これによって私はこれらすべての力と性質を体現せざるをえなくなるのだということを知っています。神にとっては一枚の草の葉になるのと同じように容易に、私の人生においても、これらのよきものになって現われてくるのだということを私は知っております。このことに感謝します。」

今述べたようなことを、すべての人が毎日選択すべきです。これらは生命の原理であって、それを念ずる時、あなたはこれらすべての神の力を自分の人生において活動させ、強力ならしめることになるのです。あなたの潜在意識はあなたが意識的に信ずることを受けいれるのですが、あなたは容易に調和と平和と美と愛と喜びと豊富の原理を信ずることができるでしょう。

エマソンは「あなたに平和をもたらしうるものは原理の勝利だけだ」と言っております。美の原理はありますが、醜《しゅう》の原理はありません。調和の原理はあっても不調和の原理はありません。愛の原理はあっても憎しみの原理はなく、喜びの原理はあっても悲しみの原理はなく、富裕と豊富の原理はあっても窮乏と貧乏の原理はありません。そして適切な行為の原理はあっても間違った行為の原理はないのです。神と神の善にふさわしいものを選ぶことをはじめてください。そうすれば生命の富はあなたのものになります。

あなたの内なる神の富を選ぶ決心をしてください

選択を恐れている人は、ほんとうは自分自身の神性を認めることを拒否しているのです。というのは、神はすべての人の中に住んでいるからです。変わることなき永遠の真理と生命の大原理に基づいて選択をするのは、あなたの神的権利です。健康で幸福で繁栄し、成功することを選択してください。というのは、あなたは経済、仕事、健康、職業、対人関係に対して支配権を持っているのです。あなたの潜在意識は顕在意識の命令と確信に従います。それであなたが確信をもって命ずることは実現するのです。

「人は自らの播いたものを、何でも収穫するのである」（ガラテア書　六・七）と聖書も言っております。

選択しないとどうなるか

ある婦人が私に向かって、「私は何を選んだらよいのか、また何が筋が通っているのか、何が論理的なのかわかりません」と言いました。私は彼女にこう説明してやりました。「あなたはもう選択をなさっているのですよ。あなたは選択しないことを選択なさったのです。このことは、とりもなおさず、あなたは大衆の心、あるいは平均の法則と呼ばれているものから来るものを受け入れるという選択をなさったことにほかなりません。この大衆の心とか平均の法則にわれわれはひたされているのです。また、もしあなたが選ばないことを選んだとするならば、大衆の行きあたりばったりの分別のない心が、あなたに代わって選択することになるのです。あなたが自分で選択なさろうとしないのですから仕方ありませんね」と。

彼女は、考えやイメージや理想を、自分で選択しないのは非常に馬鹿げた話であること、また自分は自分で考え、推理し、選択するために生まれてきたこと、また自分でそうしないと大衆の心が自分に代わって選択をしてしまい、自分の心を望ましくない方向に向けてしまうことなどを理解し始めました。

そこで彼女は自分の態度をひっくり返して、建設的にこう主張しました。「私は自分で自分の選択をする自由意志を持つ存在です。私は自分自身の精神的プロセスを制御し、方向づける力も能力も英知も持っております。私は毎朝めざめたら、自分自身にこう言うことにします。『神は私の中に住んでおられます。私の内にある無限の宝庫から、今回は何を選ぶことにしましょうか。私は平和と、神のお導きと、生活における適切な行為とを選び』、『善と真と慈悲が一生の間私に従うこと、そして私は永遠に主の館に住む』（詩篇　二三・六）ことを念じます」と。

この選択のしかたに従ったおかげで、この女性は自分の人生を変えました。彼女は健康もよくなり、能率も増し、理解力は深まり、あらゆる面で栄えております。

無限の力があなたの選択を支援します

あなたは自己を意識している個人です。そしてご存知のように、選択する能力を持っています。あなたは一着の洋服を選ぶのでもよく考えてから、数あるものの中から一つを選ぶわけです。同様にしてあなたは、牧師でも医者でも、歯科医でも、家でも、妻でも、夫でも、食物でも、車でも選ぶわけです。別の言葉で言えば、この三次元の世の中で絶えず選択することを求められております。どんな種類の考えやイメージをあなたは選んでおりますか。あなたの全生涯はあなたの選択の総計のことなのだということを再び繰り返して強調したいと思います。聡明に、賢しこく、建設的に選択してください。変わることなき神の真理を選んでください。その真理は昨日も、今日も、いつも同じです。

「私は神様に代わって選んでいただくんだ」と言う人もおります。そういう人は、自分の外にあるような神のことを言っているわけです。神、つまり生ける精神はどこにもいるものであって、あなたの中にもおり、あなたの生命そのものになっているのです。神、つまり無限の知性があなたのために働いてくださるのは、あなたを通じてより他にはないのです。普遍的なるものが個人のレベルで働くためには、それはその個人にならなければなりません。

あなたは選択するためにこの世に生まれているのです。あなたは自由意志と創意を持っております。あなたが個人であるというのはこういう理由からです。あなたの神性と責任を受け入れて、自分で選択し、自分で決断を下してください。ほかの人とか親類が最善を知っているのではありません。もしあなたが自分で選ぼうとしないならば、それは実際上、自分の神性と神的特権を拒絶し、奴隷、農奴、家来の立場から考えていることになるのです。

選択する勇気で自分の人生を変え、豊かになった未亡人

ある未亡人が当惑し、困り、思案に窮して私のところにやって来ました。というのは彼女は二人の男のうちのどちらかを選ばなければならないのに、どっちの人と結婚してよいか心を決めかねていたからです。私は二つの干草の山のちょどまん中に置かれたロバが、その日に食べるのはどちらにしたらよいか選択しかねて餓死した、という昔話をしてやりました。

私は彼女に、「自分の中には導き手となってくれる無限の知性があり、あなたはそれを選ぶ能力があるのです。そしてそれには応えてくれるという性質もあるのですよ」と言ってあげま

した。その答ははっきりとくるのであって、それを見すごすことは不可能であろうということも彼女に説明してあげました。

それで彼女はその夜眠りにつく前に、自分のより高い自己に次のように話しかけたのです。「父なる神よ、あなたは全知でいらっしゃいます。私に答を示して、行くべき道を示してください。適切な答に感謝します。というのは、あなただけが解答を知っていらっしゃることを私は知っているからです」と。その晩彼女は夢を見たのですが、その夢の中で、例の二人の男たちはどっちも「さようなら」と彼女に言ったのです。それから第三の男、この人は彼女の雇主なのですが、その人が夢に現われて結婚を申し込んだのです。目がさめた時、彼女は正解を知っていました。そして正にその翌日、彼女のボスは結婚の申し込みをしてくれたのです。彼女はそのプロポーズを受け入れました。

彼女は「誰に仕えたいのかそれを今日えらぶがよい」（ヨシュア書　二四・一五）という聖書の教えに従ったのです。あなたの内にある無限の知性にたより、それに呼びかけなさい。そうすれば祈りが叶えられるという喜びを持つでしょう。あなたは自信と、富と、充実した生活を選択することができます。「いつも病気や失敗や挫折や孤独ばかり体験してきました」と言う人も多くおります。こうした失敗はすべて、一つの無限なる治癒者を信ずることを選ぶことによって解消することができます。考え方が変われば、感じ方や情緒もそれに従います。ですからあなたは新しい情緒生活をうちたてることを選択することができます。あなたに対する神の意志は、生命の原理そのものであって、それはあなたを貫いて、調和として、健康として、平和として、喜びとして、創造的アイデアとして、夢にも見なかったほどの繁栄として流れたがっているのだということを認識してください。神についてあてはまることは、自分についてもあてはまるのだと信ずることをあなたは選択したのです。ですから、この瞬間から、あなたの考えと期待の大部分は、すべてのものに生命と息吹とあらゆる恵みを与え給う者からくるのです。別の言葉で言えば、あなたの頭と心は、今もこれからも、常に開いて神の富を流入させることでしょう。

◆あなたの「繁栄銀行」に口座を開くための黙想

「私のよきものは、今この瞬間であることを知っております。私は自分で調和と健康と平和と喜びを予言できるのだと心から信じております。私は今、平和、成功、繁栄といった考えを私の心の中の王座につけます。こうした考え（種）は成長して、私の体験の中に芽を出してくれるのだということを知り、かつ信じます。」

「私は園芸家です。播いた物を刈り取るのです。私は神のごとき考え（種）を播きます。このすばらしい種は平和と成功と調和と善意です。それはすばらしい収穫です。」

「この瞬間から私は『繁栄銀行』つまり私の潜在意識に、平和と自信と冷静さと落ち着きという種、そういう考えを預金していきます。私は自分が預け入れているすばらしい種から生ずる果実を収穫していきます。私の願望は潜在意識に播いた種なのだという事実を信じ、また受け入れます。このことの現実性を感ずることによって、それを現実のものにします。地面に播いた種は成長するという事実を受け入れると同じように、私の願いの実現を信じます。私は種というものが暗いところで成長することを知っています。そのように私の願いも理想も私の潜在意識という暗いところで成長するのです。しばらくすれば、植物の種のように、私の願いや理想、状況、環境、出来事として芽を出します。客観的なものになります。」

「無限の知性はすべての面において私を支配し、私を導いてくださいます。私はすべて、真なるもの、誠実なるもの、正しいもの、愛すべきもの、評判よきものについて黙想します。私はこれらのものについて考えます。そして神の力は私のよきものについての考えと共にあります。私は平和です。」

本章の要約——記憶してください

(1) 健康、富、繁栄、成功などに至る鍵は、あなたの選択する能力の中に横たわっております。何であれ、真なるもの、愛すべきもの、高貴なるもの、神のごときなるものを選んでください。あなたの全存在を癒し、祝福し、鼓舞し、それに威信を与え、高めてくれるような考えやアイデアやイメージを選びなさい。

(2) あなたの選択する力は、あなたの持つ最高の大権であって、あなたの内なる無限の宝庫から、あらゆる人生の祝福を選び取ることをあなたに可能にしてくれるものです。

(3) もしアル中患者が全能の力が自分の選択を支援してくれることを知った上で、自分の生活の中に調和と平和と禁酒と適切な行動を選ぶことを選択しますと、この人は自分を悪習から解き放って、自由と完全なる健康へ至る道を進んでいることになります。彼は訓練された想像力のすばらしい力を利用することによって、自分がやりたいことをやっているのだと実感し、精神的なドラマを何度も何度も、それが現実味を帯びてくるまで繰り返して演ずるのです。「自由」という考えが彼の潜在意識に固定されるやいなや、彼は否応なしに自由と禁酒に至らざるをえないのです。

（4）だれにとってもすばらしい選択となるのは、一生涯の間、毎朝、次のように肯定することです。「神の適切な行為は私のものです。神の法と秩序が私の生活を支配します。神の平和は私のものです。神の愛は私の魂を満たします。神の調和が絶対的に支配しております。神の美は私の魂を満たします。私は霊感を受け、すべてにおいて神に導かれます。私のやることはすべてうまい結果を生じます。」これを肯定するくせをつけますと、あなたの人生には奇跡が生じます。

（5）けっして選択することをちゅうちょしてはいけません。あなたは自由意志を持った、選択する存在であり、選択を拒否することは、実際にはあなた自身の神性を拒絶することなのです。あなたは神の普遍的な真理と原理によって選ぶことができるのであって、これらはけっして変わることのないものです。

（6）自分で選択をしないということは実際上、あなたに代わって、あらゆる種類の不合理な恐れや迷信や無知で満たされている大衆の心に選択してもらうということにほかなりません。あなたが自分自身で考えることを選択しないならば、大衆の心と世間の宣伝があなたに代わって選択するでしょう。「不決断」というようなものはありません。それはとりもなおさず、あなたは「決断しない」ということを決断したという意味なのです。トムとかデックとかハリーなどという、どうということのない連中にあなたの決心を決めさせてはいけません。神と神の真理を選びなさい。

(7)あなたは永遠に神の家に住むのですから、善と真と美が、一生涯いつもあなたにつき従うのだという選択をしなさい。

(8)あなたの全生涯は一連の選択から成り立っているのです。あなたの経験はすべて、あなたの選択の総計なのです。あなたは自分の読む本とか、着る着物とか、通う学校とか、共に仕事をやるパートナーとか、住む家とか、乗る車とかを絶えず選択しているのです。あなたが選択する考えとか、イメージとか、アイデアの種類に注意を払いなさい。愛すべきもの、よい評判のあるものを選びなさい。

(9)神、すなわち無限なる知性も、あなたの考えやイメージや選択を通じてやる以外は、あなたのために何もやってあげることはできないのです。普遍的なる者は、それが個人的なる者になる以外、個人に働きかけることはできないのです。

(10)神を選択し、神のみがその解答を知っていることを悟りなさい。二人の求婚者がいて、どちらを選ぶべきかまどい、決断がつかない場合は、神、すなわち無限の知性がその正解を知っているのだと悟りなさい。解答を観想しなさい。そうすれば至高の知性がそれに応じてくれます。それは失敗することがないのです。

(11) 過去において誤ち、病気、失敗などがあったにせよ、今は次の絶対の真理を信じてください。それは「神のあなたに対する意志は、あなたの描くどんな夢よりもはるかに大きな生命と愛と真理と美である」ということです。あなたの頭と心を開いて、今もこれからもずっと、より富裕な生活を楽しく期待しつつ生きてください。

(12) 本章の終りにある「黙想」を利用して、「繁栄銀行」の口座の預金額をふやしていってください。

第12章　あなたを富に導く、やさしい、目に見えない声を聞きなさい

あなたの潜在意識は、いつでもあなたを守ろうとしています。ですから、直観からくる内なるうずきに耳を傾けることを学ばなければなりません。あなたの内的な自己は、すべての主要な器官を支配しています。そして顕在意識が悩み、心配、恐れ、否定的考えなどをもって浸入してくるまでは、全主要器官の均衡と平衡を保ち続けます。ところが今あげたような消極的な考えが、あなたの潜在意識の中にある神の基準を乱すのです。あなたの潜在意識の中には神の精神が宿っています。これを自分のより高い自己とか超意識とか、私であるものとか、「あなたにおけるキリスト、栄光の希望」と呼ぶこともできましょう。こうしたいろいろの言い方は、同じことを意味しているのです。

あなたの潜在意識は、暗示とか、顕在意識の命令に反応します。ですからあなたも、自分の顕在意識を訓練すれば、適切な方向に向かってうずく自分の内的自己を認識できるようになれます。普通、あなたがくつろいでいて、心がなごんでいる時、あなたの顕在意識と潜在意識はいつもよりも親密に関連しています。そういう時には直観の内なる声がはっきりと明瞭に聞こえ、感じられます。

その内なる声に耳を傾けてよかった

私の秘書のジーン・ライト夫人から聞いた話です。何年か前、彼女とそのお母さんは週末に旅行に出かける計画をしました。ところが土曜日に、彼女は内なる感じ、心の深い所で「予感」をもちました。そしてそれは「家にいなさい」と言っているようでした。その感じはしつこくてどうしても去らないのです。彼女はその「感じ」に従って家におりました。そうしていたところ、その日の午後、彼女の息子が海岸で大きな事故にあったのです。家にいたおかげで彼女はすぐに息子に手術を受けさせ、即座に適切な処置をしてもらうことができました。彼女が電話した時、そのお医者さんは、ちょうど旅行にでかけるため、家を出るところでした。内なるうずきは、いろいろな点で正しかったのです。

直観の声を認めてそれに従う方法

最もよい方法は、あなたの潜在意識に与えた正しい指示から出てくる知識です。この知識はあなたに真物と偽物を区別できるようにしてくれます。もしあなたが無限の精神は自分自身の考え方の質に反応してくれるのだと知った上で、真実を知りたいというまじめな願いを持つならば、あなたはその成果を得ます。

次の祈りをしばしば用いてください。

「無限の知性は私の不断のガイドでありカウンセラーであります。私のより高い自己はすべての面において私を保護し、導き、見守ってくれようとしているものですから、ここからくるうずきや忠告を私はすぐに認めます。私は自分の顕在意識の中にやってくる導きを直ちに認めます。そして常に根拠のない空想を無視します。私の潜在意識は私が意識的にその上に書きつけているものに反応することを知っています。そして私は祈りが叶えられる喜びに対して感謝いたします。」

あなたが習慣的にこの祈りを用い、また習慣として祈るようにしていますと、一種の内なる触覚によって、直ちに内なる声を認め、真物と偽物の区別ができるようになります。

直観力を養えば富がやってくる

あなたが意識的にいつも何を考えているかに基づいて、あなたは自分の潜在意識から解答と指示を受けとるのです。あなたが抱いている疑問、あなたの潜在意識に引き渡した問いは、あなたの潜在意識の暗いところでしだいに成長し、すべての資料が集まったところで、あなたは自分の知性や理性で数週間、猛烈に試行錯誤しなければ達成できないようなものを、瞬間的に受け取るのです。われわれの理性が期待に応えず、われわれを当惑させる時も、直感的な力は静かな勝利の唄を歌っているのです。

芸術家や詩人や作家や発明家はこの直観の声に耳を傾けます。その結果としてこれらの人は、自己の内なるこの知識の宝庫から引き出された美と栄光によって、世界を仰天させることができるのです。こういう人たちは真の富の根拠を発見しているのです。

直感からくる無限の富によって生命を救われた学生

多数の尊い人命の犠牲者を出した最近の日本でのいたましい飛行機事故についての報道を読んだ方も多いと思います。私の書いた『眠りながら成功する』(産業能率大学出版部刊)を読んでいたという日本人の学生から、私のところに手紙がきました。その手紙によると、その学生は事故を起こした飛行機に乗ることになっていたというのです。しかし空港に行く途中、「その飛行機に乗るな」と言っている内なる声を聞いたのです。その声は音質といい音量といい、内容といい、ラジオの声のようにはっきりとしたものでした。彼はその旅行をキャンセルしました。この学生は、潜在意識がすべての面において自分を守ってくれるようにと自分の心を鍛えておいたのです。

直観とは何か

直観とは真理の直接的知覚、いかなる理性的プロセスにもよらない直観的理解、鋭敏な洞察のことを言います。「直観」という単語はまた「内なる聴覚」と言ったほうが語源的にはより近いので、直観という訳語はこの意味でも正しい(訳者注・「内なる視覚」)を意味します。「聞く」ということだけが、直観を養う方法ではありません。それは時には、「考え」(訳者注・「考え」はアイデアのことであるが、この語源は「見る」ということ)としてやってきます。しかし最もありふれた方法は「声を聞く」ということです。直観の射程距離は理性のそれよりもはるかに大きいのです。直観を実行するために理性を用いるのです。しばしば、直観は理性があなたに言いそうなことと反対のことを告げるものであることに気づかれるでしょう。

人間の意識する心は、分析的に、また探求的に推論することです。直観という主観的能力は常に自然発生的です。それは意識的な知性に対して、灯台のような働きをするのです。しばしばそれは予定している旅行や、行動のプランに対して警告者の役目をします。われわれは英知の声を聞き、それに注意を払うことを学ばなければなりません。それはあなたが聞きたい時にいつも話してくれるとはかぎりません。あなたがその警告を必要とする時だけ話しかけてくれるのです。

彼女は「その地位を受けてはならない」というしつこい感じを持った

彼女の名はルイーズ・バローズ（実名ではありません）ということにしておきましょう。彼女は私にこう言いました。

「こんなすばらしい仕事口がありましたの。月給は今の二倍で、その他の手当ても多く、会社の費用で外国旅行をするチャンスもあるというんです。どの点からみてもよさそうだし、母もその仕事をぜひやりなさいと言うのです。しかし私はどうしてもその仕事を引き受けることができないでいるのです。というのは、それを引き受けてはいけないという感じがどうしてもとれないものですから。」

私はその直感的な感じに従うよう忠告し、彼女もそうしました。やがて、その会社は破産し、政府と訴訟問題を起こしていることを彼女は発見しました。

彼女の意識する心は、客観的に知られている事実に関しては正しかったのですが、その会社の性質や、重役たちの動機や、将来の昇進計画などについては、ルイーズの直観能力だけが知っていたのです。自分の客観的な心が、内なる知識と争いを起こすことを許さないで、彼女は敏速な決断を下したのですが、その決断はすべての点で正しかったことがわかりました。「仕事でも何でも、それについてお祈りをしたあとで、第一印象に従うことにしているのですが、いつもそれが正しいことがわかります」と彼女は私に言いました。

透聴力の富

透聴力はあなたの潜在意識の持つ一能力であって、「はっきり聴《き》くこと」という意味です。ソクラテスの守り神《デーモン》というのはその古典的な例です。ソクラテスは内なる声をはっきり聞くことができ、その忠告はいつも賢明であると信じていました。その声はたいてい、警告の声でした。更にソクラテスは、内なる声が最も強く現われるのは、自分の安全や幸福に関係している時であると指摘しました。彼の潜在意識は、五官によって聞きとれる言葉によって意識する心と通信したわけです。

このような現象は、「透聴力」として知られております。そしてこれは人間の魂の最も強力なる本能の一つである自己保存の本能に基づいております。ソクラテスは例の「守り神《デーモン》」が静かにしているということは、それが自分の行為を認めてくれるのだと信じました。そして彼の信じたように彼になされたのでした。

本能の声によって命を救われた女性

われわれの組織の一員である若い女性が、「労働者の日」（訳者注・九月の第一月曜でヨーロッパや日本のメーデーにあたるアメリカの祝日）の週末に遠い所にいる親類を訪ねるようにとの招待を受けておりました。彼女を招いてくれた彼女のいとこは、もう一人の招待客に彼女を車で拾ってフレスノまで連れて来てもらうようにするからと言いました。すると直ちに、電話でこのことを話している最中、内なる声がはっきりと、「家にいなさい！　家にいなさい！」と言いました。彼女はその忠告に従ってその招待をことわりました。彼女を連れて行ってくれるはずだった婦人は途中で殺されました。

かなりの間、この若い婦人は自分の潜在意識に指示を与えて、導きをもらうようにしていたので、神の適切な行為が自分を支配することを知っていたのです。彼女は自分の幸福と精神的保護のために、知る必要のあることは何についても潜在意識の知恵が直ちに警告してくれるのだと、常に断言しておりました。それが彼女を裏切ったことは一度もありません。繰り返すことによって彼女は自分の潜在意識に反応するよう条件づけたのです。そして無限なる知性は、彼女の意識する心が、潜在意識からの通信を話し言葉の形で受け取ることができるようにしているのです。これは潜在意識の英知を、心の表層に、つまり顕在意識にもたらす一つの方法であります。彼女に聞える声は空気の震動を起こしません。この声、あるいは精神的刺激は、彼女にははっきりとわかるのですが、彼女のそばにいる人にも知覚はできないのです。あなたがこのテクニックを用いれば、人生のあらゆる面において、驚くべき利益をうけることができます。

直観の富を発見した銀行家

私の友人に、産金株を得意として、自分自身のためにも、特殊なお客さんのためにも投資している銀行家がおりますが、この人は、その分野では並はずれた成功を収めております。数ヵ月前、外国のある産金株の名が心の中に浮び、彼の内なる声が「それを買いなさい」と言いました。彼はそうして、また多くのお客さんにもそうするようすすめました。彼にはまた直観的に、それが一年以内につける高値もわかりました。彼も彼の銀行のお客さんも、何千ドルという利益を上げました。

彼は自分の潜在意識に次のように指令を与えているのです。「私の潜在意識は、適切な産金株を適切な時に適切な方法で買うことを直ちに知らせてくれます。そしてこれは私にも、私のお客にも恩恵を与えるでしょう」と。

彼が潜在意識の直観力を、自分の要求の性質に応じて反応させることに成功したことは確かです。超感覚的知覚の魔術は彼の要求に鋭敏にこたえ、適切な時に必要な情報を彼に与えたのです。

まことに異常な体験をしたアル中患者

以前にアル中だった人が私に告白してくれた話です。かつて彼は深い憂鬱にさいなまれておりました。それは自動車の衝突事故で、妻と子供を失うという辛い体験をしたためでした。彼は自殺しようとして頭にピストルをあてました。その時すぐに、彼は耳もとで「今やってはいけない。長い人生の間に私はお前を満足させてやるからな」と命令する言葉を聞きました。彼はあっけにとられて、自殺することをやめました。これは四十年前のことでしたが、彼はいまだに元気で、鋭敏で、活発で、仕事の上でも非常な成功を得ております。

個人に対して危険が迫っている場合はいつでも潜在意識はその危険をさけ、予防するために最高の努力をするということはよく知られ、かつ理解されていることです。それは個人が反応するようなやり方で行ない、かつ語りかけます。あなたの潜在意識あるいは主観的な心（この二つの言葉は同じ意味です）のもつ最高の活動が、人の生命を維持しようとする努力のために用いられるのです。

あなたの深層の自己からの警告は常に生命を志向しており、注意を払われるべきものであることを忘れないでください。あなたを肉体的に、経済的に、いろいろな面で守ろうとしている内なる声は、超自然的な作用者からくるものでもなければ、天使のようなものからくるのでもなく、それは全知にしてすべてを見ているあなた自身の潜在意識からくるのです。

ロンドンでの驚くべき出会い

昨年私はイギリスで講演をしました。妹が、われわれのいとこがロンドンに住んでいるはずだと知らせてきました。私は昔、このいとこといっしょに学校に行ったものでした。しかし妹はこのいとこの住所も職業も全然知らず、ただ友だちからこのいとこがロンドンに住んでいると聞いたというだけなのです。私はこのいとこの名前を電話帳で探してみましたが、彼の名前はそこに出ていませんでした。

私は自分が彼と会い、握手し、昔のことなど話しているところを想像しました。私はセント・アーミンズ・ホテルで眠りにつく前に、毎晩この想像をやりました。私はロンドンに一週間いたのですが、もう四時間でスイスに向かって出発する予定になっていました。私は手紙を出したり、イギリスの切手を少し買うために、道路を横切って角の郵便局に行きました。私はそこで、「やぁジョー（訳者注・マーフィー博士の名はジョーゼフ、略せばジョー）、こんなところで君に会うとは奇遇だね」という声がしたのです。

私が心の中に描き、ほんとうだと感じたことは、まさに現実になったのでした。私の潜在意識の知恵は、われわれ二人を、神の秩序に従って引き合わせてくれたのです。あなたの深層の心のやり方は想像を絶したものがあります。直観の奇跡と富を、あなた自身にも起こしてください。

◆沈黙している者の富を得るための黙想

「キリストは言い給うた、『神は霊（精神）である。したがって神をあがめるものは、精神と真理において神を崇拝せねばならぬ』と。」

「私は神が私の中で働いていることを知り、また実感しております。私は、神とは、私の内なる調和と健康と平和の感じ、あるいは深い確信であることを知っております。それは私自身の心の動きであります。精神、すなわち今私の心を占めている自信と信念の感じは、私の精神であり、私の心の海に対する神の働きかけであります。これが神であって、それは私の内なる創造の力なのです。」

「善と真と美が生涯を通じて私につき従うという信念と自信をもって私は生き、動き、私の存在を保ちます。神とすべてのよきものに対する信念は全能であり、それはすべての障害を除きます。」

「私は今、五官の門を閉じます。私は外界に向けていた注意力をすっかりひっこめます。私は内なる一なる者、美なる者、善き者に注意を向けます。ここに私は父なる神と共に時空を超えて住みます。ここで私は全能なる者の影に生き、動き、住みます。私はあらゆる恐怖、世間の判断、事物の外見から自由です。私は神の存在を感じますが、それは叶えられた祈りの感じ、あるいは私の善の存在の感じです。」

「私は自分が瞑想するものになります。私は今、私がなりたいものになっていると感じます。

この感じ、この自覚は私の内なる神の作用です。それは創造的な力です。私は叶えられた祈りの喜びに対して感謝し、『それは成就されたのだ』という静けさの中にいこいます。」

本章の要約――記憶してください

（1）あなたの潜在意識はいつもあなたを保護しようとしています。あなたは潜在意識の内なる警告ややうずきを絶えず聞くことを学ばなければなりません。

（2）あなたがくつろいで、あなたの心がなごやんでいる時、直観の内なる声は明瞭に聞こえてきます。

（3）内なる声はしばしばあなたに対して、内なる、しつこくはなれない感じとして、すなわちあなた自身か、あなたの愛する人の危険を警告する一種の「予感」として語りかけます。ある母親は自分の「予感」に従ったおかげで、息子のためにすみやかな救助を得ることができました。

（4）もしあなたが真理を求めようというまじめな欲求を持ち、無限なる精神はあなたの考えの性質に応じて反応するのだということを知るならば、あなたは成果を得ます。無限の知性はいつもあなたのガイドでありカウンセラーであること、またあなたはより高い自己の警告を直ちに認識するのだということを大胆に肯定しなさい。あなたは自分の要求に応じて応答を受け取ります。

（5）あなたは自分の黙想しているものに従って、潜在意識から応答や指示を受け取ります。

（6）芸術家や詩人や発明家などは直観の内なる声に耳を傾けます。こういう人たちは内なる宝庫から引き出してきた美や栄光によって世間をびっくりさせます。

（7）『眠りながら成功する』（産業能率大学出版部刊）の読者であったある日本人の学生は、内なる声が「その飛行機に乗ってはいけない」とはっきり言うのを聞きました。彼はその指示に従いました。その後間もなく、彼が乗る予定であった飛行機は、日本最大の飛行機事故を起こしました。彼はあらゆる点において自分を見張ってくれるようにと自分の潜在意識を訓練したのです。

（8）直観とは、推理のプロセスをいっさい抜きにして、真実や事実を直接知覚することを意味しております。直感、あるいは直観は、また「内なる聴覚」ということを意味しております。

（9）あなたの潜在意識の超感覚的能力は、雇主の動機を見、また本来の結果をも見ることができます。これらは意識する心からはかくされております。もし直観的な感じが湧き上がってきて、あなたに「その昇進を受けるな」と告げるならば、それに従いなさい。

（10）ある特定なことについて祈った後は、一般的に第一印象が正しいものです。

（11）透聴力というのはあなたの潜在意識の一能力であって、「明らかに聞く」ということを意味しています。自己維持は人間の魂のもつ最も強力な本能であり、しばしばあなたの潜在意識は、あなたに警告を発し、あなたを守るために話しかけるのです。

（12）あなたは自分の潜在意識に命じて常に導いてもらい、神の適切な行為があなたを支配し、自分を守るために必要なことは何でも即座に知らせてもらえるのだということを知ることができます。「あなたは行ってはいけない」というような声を聞くかもしれません。そうしたらそれに従いなさい。

(13) ある銀行家は、どんな産金株を買ったらよいか即座に気づくのだという考えを、自分の潜在意識に送ります。すると特定の産金株の名前が潜在意識から浮かび上がります。そして彼はどんな産金株を買ったら適切かということをはっきり意識するのです。

(14) 個人に危険がせまっている時はいつでも、潜在意識は危険をさけるため、最高の努力をします。それは個人が反応するような方法で語ることができます。

(15) 潜在意識の警告は常に生命を志向するものであり、注意を払うべきものです。

(16) 誰かに会いたいけれども、その人がどこにいるかわからないならば、あなたがその人に語りかけているところを心の中に描き、その体験をなまなましく感じ、心の中でそれを劇のように演じ、その現実感の中に入ってゆきなさい。あなたの潜在意識は神の秩序に従って、あなた方二人を引き合わせてくれるでしょう。

(17) 静寂から生ずる驚くべき富をどう利用したらよいかは、この章の終りの「黙想」のところに書いてあります。

第13章 お金について夢をもつことは、あなたを豊かにする
——心的浸透の秘密

エマソンは『自らを信ずること』（訳者注・古い訳本では『自恃論《じいろん》』となっている）という本の中でこう言っております。「あなた自身を信じなさい。どの心もその鉄線に合わせて震動するのです。神の摂理があなたに与えた地位、あなたの同時代人の作っている社会、事件の連鎖などを受け入れなさい。偉大な人は常にそうしたのです。そして彼らは子供のように自分の時代の精神に身をゆだね、絶対的に信頼できるものが自分の心の中に存在していて、それが自分の手を通して働き、自己の存在のすべてを支配しているのだという認識を持っていたのだということを示しております」と。

ここでエマソンはすべての人に向かって、神は自分の内に住んでいること、絶対的に信頼できるものが自分の心の中に住んでいること、そして自分は内なる無限者に合わせて震動し、調和するにまかせておいて、生命の祝福と富のすべてを受け取りさえすればよいのだと告げているのです。更にエマソンは、あなたが生命そのもの、あるいは顕現した神であること、またあなたは大生命の表現手段になっているのだとも言っているのです。あなたはユニークです。世界中にあなたと同じ人は誰もいません。というのは、あなたはあなただからです。あなたの手や足の指紋、あなたの心臓のリズム、あなたの腺分泌は他のどの人のものとも違っております。

無限の分化というのが生命の法則です。あなたの考え、あなたの人生に対する態度、あなたの信仰や信念も、疑う余地なく他の人のものと違っております。

あなたは特定の資質、才能、能力、特別な遺伝的才能を持って生まれました。あなたが生まれてここにいるのは、神の精神をより多く表現し、より豊かに生活をおくる喜びを体験するためなのです。あなたは世界中の誰にもできないやり方で生命を表現するために、ユニークな素質を与えられているのです。あなたは自分でなりたいものになりながら、やりたいことをやりながら、人生のすべてのよきものを持ちうるのです。

あなたは人生におけるこれらの目標をすべて達成することができます。というのは、あなたはいろいろな性質の想像力、考え、理性、選択し行動する力を与えられているからです。大生命が、調和として、美として、愛として、喜びとして、健康として、富として、十分なる自己実現として、あなたを貫いて流れるようにさせましょう。

自信という富を教え子たちに吹きこんだ教師の話

「律法には『あなたたちは神々だと私は言った』と書かれているではありませんか」（ヨハネ伝　一〇・三四）。

ラスベガスの日曜学校で教えている青年から私が聞いた話です。彼のクラスには、恥ずかしがりやで、臆病で、ひっこみ思案で、一般に深い劣等感を持っている男の子がかなりたくさんいました。彼は黒板に次のような言葉を書いて各人に写させ、毎晩眠る前に五分間、それを肯定させました。

「私は生ける神の子です。神は私を愛し、世話をしてくださいます。私はひっこみ思案です。それで神様は私に何か特別なことをしてやりたいと思っております。神様が私を見張って導いてくださる間に、私の力も愛も知恵も成長しています。私の天なる父はその息子を愛しております。神様は私の中で歩き、かつ話されるのです。」

彼はどの少年にもこの肯定の言葉を書き写させ、それからこの言葉を毎日用いて肯定していると、神の霊からの応答があり、知恵も強さも力も成長してすばらしい学生となり、大学でも成功し、金持ちになり、人生のすべての祝福を豊かに受けるようになるのだと教えました。これらの少年たちが自信や自分に頼ることで発展し、才能を開花させ、成長して行くのを見ることは、まことに心よいことであったと、この先生は言いました。これらのことはすべて父母との関係やら学業にも反映されました。それはまことにすばらしく花が咲いているように見えました。深い劣等感を持ち、非常にひっこみ思案であった子供たちのうち十人もが、高校を卒業し、奨学金を得て、その先生が夢にも思わなかったほどの進歩を示したのです。

実のことを言うと、この先生のやったことは、教え子たちに神が各人の内に住み、心からなる祈りに簡単に応えてくれること、そして彼らを助けて、有名な傑出した人物にしてくれるのだという知識を吹きこんでやったにすぎません。彼の教え子たちは、エマソンが言ったように、絶対的に信頼できるものが彼らの心の中に住んでいて、常に自分たちを通して働いているのだということを悟ったのでした。

自信の意味

自信とは「信念を持って」という意味です。信念とは考え方であり、心の持ち方であり、心の法則の理解であります。それは自分の考え方と感じ方が自分の運命を創造するのだという自覚のことです。あなたの意識する心が真実だと感じた考えはすべて潜在意識に刻印され、受け入れられて、実生活の上に起こるのだということを知ったとき、あなたは「信念を持っている」と言えるのです。簡単な日用語で言えば、神（全能なる生ける精神）の存在と力が自分の中にあることを意識することが、とりもなおさずあなたの信念なのです。この精神と接触することによって、また自分の考えという手段を通じて、あなたは勝利に輝く人生をおくることができるのです。あなたはあらゆる障害や困難や挑戦に真正面から取り組み、それらがすべて神の手によって片づけられるのだと実感するようになるでしょう。あなたの内なる神の精神に波長を合わせますと、浮き沈みの多い人生をも、「自分を強めてくれる神の力を通じて何でもできるのだ」という深い不動の信念をもって乗り切って行くことができます。

自己信頼の心を深めて事業に成功し豊かになった実業家の話

三度も仕事に失敗した実業家が、最近私に会いに来ました。彼は自分をせめさいなみ、劣等感と自己批判の心でいっぱいになっていました。私は彼に次のように説明してあげました。

「あなたの中には無限の知性が宿っておりますが、これが世界を作ったのであり、それはいかなる障害も知りません。そしてこの無限の知性はあなたが知る必要のあることをすべてあなたに示してくれることができるのです。ですから、あなたは信念と自信に満ちているべきなのです。あなたは人生に成功し、勝利するために生まれてきたのです。というのは無限の知性、つまり神は失敗することを知らないからです。全能なる者の動きに反対したり、挑戦したり、それを無効にしたりするものは何もないのです」と。

それから更に私は、彼に成功と富に至る特別の処方を教えました。それと同時に、自分の内なる神自身に信頼することは伝染性のあるもので、他の人にも自信や冷静さや平衡を放射するようになること、そして彼自身が一種の精神的磁石となって、四方八方からよきものを自分自身に引きつけるのであるということを説明してあげました。

聖書の中にちりばめられている真理の精神的宝石ともいうべき言葉のうちで、最も重要なものの一つは、ローマ書に見出されます。すなわち「神がわれわれの味方をしてくれる時、誰がいったいわれわれに敵対できるであろうか」（ローマ書　八・三一）がそれです。

この実業家のために全くの奇跡を起こした特別の処方を紹介しましょう。毎朝ひげを剃り、歯をみがき、髪をとかした後に、彼はまっすぐ鏡を見て、感情と理解をこめながら声を出してこう言いました。「神が私の味方をしてくれるなら、いったい誰が私に敵対することができようか。私を強めてくれる神なる力を通じて、私は何でもできるのだ。成功は私のものであり、富は私のものだ。ありがとう、父なる神よ」と。

彼はこの聖書の偉大なる真理を、毎朝四、五分繰り返しました。そして自分がまじめであるのだから、これらの真理は浸透によって顕在意識から潜在意識へとしみこんでゆくこと、そして潜在意識の法則は強制的なものであるから、自分は成功と富を表現せざるをえなくなるだろうということを理解しました。

数週間たちました。彼はある未亡人に出会って彼女と結婚しました。そして二人は非常に幸福でした。彼女は二十五万ドルを彼の好きなように使わせてくれたので、彼は新しい事業を起こすことができました。彼の妻はこの新会社で彼の秘書兼会計になりました。そしてこの二人は経済的に飛躍を重ねたのです。

このような経験は、自己の内にあるとてつもない潜在能力を利用し始めた男女にとっては、今日ありふれたものになっております。私が最近読んだものによりますと、今日のアメリカには史上のどの時代よりも多くの百万長者がいるとのことです。

成功と無限なる者の富を自分で自分に与えてください

生命の原理、これを神と呼ぶ人もおりますが、これは絶えず、あなたを通じてより高い水準の自己表現を求め続けているものなのです。あなたの中には内なるうずきがあって、ますます高いところに登るようにと、願望という形であなたを絶えず駆り立てるのです。この精神と力は全知であり、すべてを知り、全能であって至高です。人生における最善なるものを主張しなさい。そして次善を拒絶しなさい。あなたの考えや感情や注意を職業に集中しなさい。そして潜在意識の無限の知性が絶えずあなたに新しい創造的アイデアや、もっとよい奉仕の仕方を示してくれるのであると悟りなさい。

あなたは自分が無限なる者と一体であること、そして無限なる者はやり損うことがないことを悟りなさい。エマソンは「あなたをまどわして究極的成功ができないようにする者は誰もいないのです。いるとすればあなただけです」と言っております。またカーライルは「人の富とはその人が愛し祝福するものと、その人を愛し祝福してくれるものとの数のことである」と言っております。コールリッジはまた次のように書いております。

「よく祈る者とはよく愛する者なり

人をも鳥をも獣をも

最もよく祈る者とは最もよく愛する者なり

大なるものでも小なるものでもすべてのものを

われらを愛し給う神様は

すべてを作り、すべてを愛し給えばなり」

あなたの成功や金持ちになることを妨げているのは、運命でもなければ、金銭の欠乏でもなく、紹介者やコネの不足でもありません。それはほかならぬあなたなのです。あなたがやらなければならないことは、あなたの思考生活を変え、変えたままに保持することだけです。「成功は私のものだ。神の富は私のものだ。そして私は神のすべての富を流入させる水路なのだ」ということを、あなたの習慣的思考にしてください。あなたの考えることには創造する力があって、あなたは自分が一日中考えているものになるのです。

実際的で役に立つ信念から生ずる富

信条、教義、宗派、聖伝、お守り、護符、聖像画、聖堂などを信仰している人は何百万もおります。しかしそういう人たちは実際に役だつ信仰は何一つ持っていないのです。それで彼らの生活はめちゃめちゃに混乱しております。何百万人もの人が欠乏と病気に苦しみ、やっとのことで生計を立てておりますが、それというのも、自分自身の潜在意識の中にある無限の富を引き出す術を知らないからです。

別の何百万人もの人々は、ほんとうに役だつ信仰を持っておりますが、それはこの人たちの肉体、仕事、経済状態、人間関係など、その他の生活のあらゆる面にもはっきり現われております。人の神に対する信仰は個人的に示されるはずのものであって、自分の目にも見える形で外に現われるものです。その人が富裕であれば、それはその人が豊富の法則を信じていることをはっきり示すものであり、彼が神の摂理のもつ豊富な性質を信じかつ理解していることを示すものでもあります。人が自分自身や、自分の内なる力に信頼していることは、その人の積極的な態度や身ぶりや、話ぶりや、微笑の輝きなどに反映されるものです。

自信の富を発見した未亡人の話

二人の息子を持つ未亡人が私に相談しに来ましたが、その不平はごくありふれたものでした。「借金しないでやりくりするのがむずかしいのです。息子たちはちゃんとした着物もないし、ちゃんとした食物もありません。私は週給手取りで百二十ドルなのです」などといったものでした。

私は彼女に簡単なテクニックと説明を与えてやりました。「あなたが今、成功していると考えてください。あなたの心の目に、すてきな家を心に描いてください。そしてそこには男の子たちのための地下室もあるのです。子供たちがそこで遊んでいるところを見てください。あなたが着ている美しい着物の肌ざわりを感じてください。クロテンのコートでもミンクのコートでも、あなたのお好きなものを着るのです。あなたの想像の中で、そのコートに触れてください。あなたの指についている美しいダイヤモンドに触わってください。そして私が『あなた方二人を夫婦と宣します』と結婚式で言っているのを聞いてください。あなたがいつもいく銀行の預金係が、あなたの預金額が多いのをほめてくれるのを聞きなさい」と。

私はまた、こうも言ってあげました。「あなたの心の中にあるこの絵をいつまでも持ち続けてください。あなたは結婚を望んでいるわけですが、そうしたら自分の指に指輪があるのを感ずることは、それはあなたが理想的な、精神性の深い人と結婚しようとしているのだということを、あなたにとって意味しております。それから『私は今あなた方を夫婦と宣します』という言葉を聞くことは、それが既にあなたの心の中で起こっていることを意味します。そしてあなたの心の中に起こったことは、現実のあなたと心に描いたイメージの実現の間にどんな困難や障害があるように見えても、そんなことはおかまいなしに客観的に起こるのです。あなたは障害にうちかち、富み、そしてまた幸福に、楽しく、自由になるでしょう」と。

この婦人は静かに、自分自身と息子のために富を考え始めました。彼女はまた、もし精神的に深く、気質も合って調和的な男性に会えたら、何と幸福で楽しく、ぞくぞくするような気持ちになることであろうかと感じ始めました。このような気分で彼女は眠りにつく前、自分の中の神なる精神に対して、富と成功と伴侶について感謝し始めました。彼女は一週間ばかり毎日毎夜このことをしました。約十日後に、お互いの友だちから紹介された独身の男性に会いました。彼こそ、彼女の夢に見たり黙想したことすべてに対する完全なる解答であることがわかりました。

常に答があるのだと実感してください。「誰か面倒みてくれる人」がいるのです。すなわちあなたを創造し給うた者は、あなたを愛し、四六時中、眠っている時も起きている時も、常にあなたを見守ってくださるのです。

自信の富を発見したセールスマン

不動産販売をやっている若い男が私に向かって「経済状態が悪い」とか「景気がよくない」とか、「商売がうまくいかない」などと言いました。彼は欠乏と窮乏に注意を向けていたのです。当然彼は販売成績の欠乏を体験しました。彼はうまくやれないと感じ、臆病風に吹かれておりました。私は彼に「毎日必ず、何回も積極的な言葉を自分の潜在意識に送りこむようにするならば、すべてのことが変わってきます」と言ってあげました。私の秘書は次のような言葉を彼のためにカードにタイプしてあげました。そしてこの言葉を一日十二回ないし十三回繰り返すようにと指示しました。その言葉とは次のようなものです。

「私は神の供給と神の導きに完全なる信頼を置いています。土地を買う人はすべて繁栄させられ、祝福されることを私は知っています。無限の知性は、お金を持っていて土地を欲しがり、その所有を喜んでくれるような買い手を私にひきつけてくれます。私も恩恵を受け、買い手も恩恵を受けます。私は主なる神において強く、その力のおかげで強いのです。神の活動と、直接にして完全なる結果が今私の生活に起こります。そして私の人生に起こる奇跡に対して感謝します。」

　このカードを持って歩きながら、そこに述べられた真理を何度も繰り返すことによって、彼は自分のセールスの能力に対する自信を回復しました。そして彼は売り始め、繁栄し始め、あらゆる点において発展し始めたのです。私が公開講演をやるウィルシャ・エベル劇場で、彼は私にこう言いました。「奇跡が私の人生に起こっております。私は今週このバレー地区で、五十万ドルもの土地を売りましたよ」と。

　神の祝福はけっして休むことがありません。頭と心を開いて、あなたが自分のために欲しいと思うすべての富を受け入れなさい。

◆信仰の富を得るための黙想

「キリストは言った。『あなたの信仰があなたを癒したのである』と。」

「私は自分の内なる神の治癒力を積極的に信じます。私の顕在意識と潜在意識は完全に一致しております。私は自分が積極的に肯定する真理の言葉を積極的に受け入れます。私の語る言葉は精神の言葉であって、それは真理です。」

「私は今、神の治癒力が私の肉体全体を変え、私を健康に、けがれなく、完全にしてくれていることを念じます。私は深い内なる確かさをもって、私の信念から出た祈りが今、表現されているのだと信じます。私はすべての事柄において神の英知によって導かれます。神の愛は超越的な美と愛らしさとなって、私の心と身体に流れこみ、私という存在の一つ一つの原子を作り変え、回復させ、それに活力を吹きこんでくれます。私は理解をこえた平和を感じます。神の栄光は私をとりまき、そして私は『永遠の腕《かいな》』に抱かれて、永遠に安らうのです。」

本章の要約――記憶してください

(1) エマソンは「あなた自身を信じなさい。どの心もその鉄線に合わせて震動するのです」と言っております。あなたの内なる神と一体になってください。そして神にとってはすべてのことが可能であることを実感してください。この神の精神はあなたの呼びかけに応じ、あなたを助けて夢を実現させてくださるのです。このことに絶対の信頼をおいてください。

(2) あなたはユニークです。全世界にあなたのような人は一人もいません。あなたは特定の素質や才能を与えられております。あなたが「神は私の真の自己実現をなさってくださるのだ」と念ずる時、ドアは開き、あなたは神の手によって真の自己実現を行ない、あなたのやりたいことができることでしょう。そして神の手によって幸福になり、神の手によって繁栄せしめられるでしょう。

（3）もしあなたが日曜学校で男の子たちを教えているならば、彼らは神の息子であり、神は彼らを愛して面倒みてくれるのだと教えてやりなさい。彼らにこの真理をしばしば繰り返させ、こうすれば自分たちの中の神なる精神から直ちに反応があって、神は各人を通じて、それぞれ違った方法で奇跡を示し給うのだということを知らせてやりなさい。あなたがこうして行くにつれ、彼らの自信と自己信頼心が成長します。

（4）自信とは「信念をもって」という意味です。あなたが無限なる知性に呼びかける時、それはあなたに応答してくれるのだという信念を持ってください。考えには創造する力があるのだと悟る時、あなたは自分の信念を強めていることになります。あなたが感じるものをあなたは引きつけ、あなたが想像する者にあなたはなるのです。ほんとうだと感じた考えはどんなものでも、あなたの潜在意識に刻印され、実現します。このことを知れば、あなたは心の法則に対する信念を得ることでしょう。そしてこれを実践すればあなたの人生に奇跡が起こります。

（5）自信を作り、成功を築く魔法の処方は、朝、鏡をのぞいて、それから約五分間、「神が私の味方ならいったい誰が私に敵対できようか。私は自分を強めてくれる力なる神を通じて何でもやれるのだ」と肯定することです。これを習慣にしますと、あなたは自信に満ち、すべてのよきものを信頼する心で満たされ、あなたの人生には奇跡が起こるのです。

(6)人生における最善を主張すれば、最善のことがあなたの人生に起こります。「あなたを欺《あざむ》いて究極的成功からはばむ者は誰もいないのだ。あなた自身をのぞけば」(エマソン)。あなたは無限なる者と一体であることを実感してください。そして無限なる者はやりそこなうことはないのです。

(7)あなたは実際役にたつ信仰を持たなければなりません。別の言葉で言えば、あなたは神とすべてのよきものに対する自分の信仰を示さなければなりません。それはあなたの家庭に、対人関係に、経済的状況に、あなた自身の財産に現われなければなりません。証拠や成果の上がらない信仰は死物です。けっしてやりそこなったり変化したりすることのないあなたの心の創造的法則に信仰を持ちなさい。

(8)いま自分が成功して富んでいると想像してください。その状態がほんとうであると想像してください。そうすれば障害や困難があるように見えても、あなたは自分の心に描いたイメージの成果を体験なさることでしょう。あなたの心に描くイメージは絶対君主であり王様です。あなたがそれに注意と信念と信頼を与えますと、それは実現するのです。

(9)常に答があります。面倒みてくれる誰かが、つまりあなたと宇宙を作ってくださった方がいるのです。その方を信頼しなさい。それは唯一なるものであり、美なるものであり、善なるものなのです。

(10)土地を売る場合は、あなたが求めているものは、同時にあなたを求めているのだということを悟ってください。無限なる知性は、お金を持っていて土地を欲しがっており、その土地を持てば繁栄して幸福になれる買い手をあなたに引きつけてくれるのだということを大胆に念じなさい。買い手も恩恵を受け、あなたも恩恵を受けるのです。神の活動を念じてください。そして神の祝福と神の富はあなたの体験の中に流れこむのをやめることはないのだから、自分の生活には奇跡が起こるのだと悟ってください。あなたのために夜は明け、すべての影は逃げ去るでしょう。

(11)けっして不足することのない信念の富を得るための「黙想」がこの章の終りに書いてありますから、それを繰り返してください。

第14章　金銭に関するすべての秘密を明らかにする驚異の法則の用い方

愛は常に外に出てゆくものです。愛は一種の発散です。愛は対象を持たなければなりません。あなたは音楽とか、美術とか、大計画とか、事業とか、科学とか、そのほかいろいろのものを愛するようになることができます。あなたはいつでも、不変の大原理や永遠の真理を深く愛するようになることができます。愛とは、あなたの理想、主義、計画、あるいは職業に対して情緒的愛着を持つことであります。

アインシュタインは数学の原理を愛し、数学の原理は彼にその秘密を示しました。これが愛のやることなのです。あなたは天文学を愛するようになることもできます。そうすると天文学は天文の秘密をあなたに示してくれるのです。あなたは自分の欲しいものをどのくらい欲しがっているのですか。あなたは自分の古い考えや、これまでの物の見方から離れて、新しい考えや新しいイメージや新しい見方を得たいと思いますか。あなたの心は開いていて受け入れる準備ができていますか。あなたはよい胃の調子を望みますか。それを望むならば腹立ちや、いつものいらだちや恨みなどを捨てなければなりません。あなたは富や成功を欲しますか。それならあなたは、自分の内部と周囲の富を喜んで受け入れなければなりません。あなたは成功するために生まれてきたのだということを悟ってください。というのは、内なる無限なる者は失敗することはできないからです。あなたはねたみややきもちなど、あなたが神を誤解するところからくる誤った考えをいっさい放棄して、豊かな、より富める生活の喜びの中に入って行かなければなりません。

愛の富を証明した俳優の話

「私は失敗しそうで心配なんです。舞台の上でまいってしまいそうなのです。せりふも間違いそうなのです」と、ある俳優が私に訴えました。彼がいきいきと想像しているのは失敗のことでした。私は彼にこう説明してあげました。「あなたは主人なんですよ。あなたは自分の考えることや、アイデアやイメージや反応を支配する一種の国王なのですよ。あなたは一種の絶対君主であって、自分の心や身体に命令を発するのです。そうするとあなたの心も身体も自動的にその命令に従うのです。あなたは自分の考えにあれこれ命令する権威を持っています。あなたの考えに対し、あなた自身の理想やあなたの内なる神の力に注意を向けるよう命令する権威もお持ちなのです」と。私は更にこうも忠告してやりました。「あなたはただ新しい未来像などを愛するようになればよいのです」と。

彼が実践した勝利の方式

彼はしばしば次のように肯定しました。

「私は今から、すべての忠誠と献身と誠意を神なる自己に捧げます。この神なる自己の中にあるのは、ほかならぬ私のより高い自己のことなのです。自分のより高い自己を愛するということは、とりもなおさず全能にして全知なる私の内なる神性に対して、健康で恭《うやうや》しく健全な尊敬を持つことにほかならないことを知っています。私は今から、神を愛するということは、いかなる人間、いかなる地位、いかなる物にも力を与えることを拒絶し、私の最高の忠誠を私の内なる一なる精神であり力なる者に与えることなのだということを悟ります。私は自分を強めてくれる力なる神を通じて、どんなことでもできるのだということを知っております。私は今自分がすばらしい観客たちの前で演じているのだと想像します。私はその役になりきります。私は恍惚となり、夢中になり、その劇に没入しているのを感じます。そして私の愛する者たちが、『おめでとう』と私に言ってくれている声を聞きます。これはすばらしいことです」と。

この俳優はこのような真理を一日三、四回肯定することを始めました。また彼は生き生きとした想像上の舞台を演じ、より高貴でより堂々たる自己観を愛するようになりました。すべての恐れは消散しました。というのは、愛は恐怖を切り捨てるからです。彼が発散させた愛は、堂々たる演技という彼の理想に、情緒的に愛着するということでした。彼は今日、途方もない収入を得ておりますが、これもすべて、彼が自分の内なる神をたたえることを始めたからです。

「愛には怖れがない。完全な愛は恐れを取り除く」（ヨハネ第一書簡　四・一八）。

愛の法則の富によって生命を救われた男

最近ベトナムから帰ってきた若い将校が私に話してくれた話です。「ある晩、夜間巡視をやっている時、私と私の部下は待ち伏せをくらったのです。私の周囲にはいっぱい銃弾が打ちこまれました。そしてふと気がついてみると自分一人になっておりました。その時私の頭に浮んできたのは、詩篇からの数句だけであって、私は自分があたかも地面に縛りつけられたように思われました。私はこう繰り返し唱えたのです。『主はその羽根であなたをおおい給う』（詩篇九一・四）、『主はわが光、わが救い』（詩篇　二七・一）、『主はわが命の力、私は誰を恐れようか』（詩篇　二七・一）。」

「私がこれを繰り返しているうちに、内なる平和感が私を包みました。そして私は深い安全感を感じたのです。私は神の手によって安全へと導かれ、翌朝ヘリコプターに拾い上げられました。私の部下はその待ち伏せで、一人残らず殺されました。私は、彼に話しかけ、彼が応えてくださったのです。」

愛の法則の富を発見した医者

最近ある医者が自分の患者の一人について次のような話を私にしてくれました。この患者というのは彼の古い女友だちで、勘定が三千ドルを超えているのに、なかなか払ってくれないというのです。この医者は彼女に対して非常に寛大にしておりましたが、彼女が十万ドルの遺産相続をしたことを知りました。それで彼女に支払いを求めたのです。彼女は非常に腹を立て、あてこすりを言いました。そして間違ったビタミン剤をくれたと言って非難しました。また彼女は「あなたの治療は役に立たなかったわよ」などとも言ったのです。「私は彼女がわめくのをそのままにして部屋を出ていきました」と彼は言いました。

「この勘定書を回収代理業者にまわす前に、愛の法則を実行してみよう」と彼は心の中で自分に言いきかせました。それで彼は朝と夕方の黙想の時、次のように肯定しました。「ジョーンズ夫人（仮名）は正直で、愛情もあり、親切で、そしておだやかな人です。神の愛と調和が彼女の全存在に充満しております」と。そして彼女が彼のすぐ前にいて、「これが勘定の小切手です。ありがとうございました。あなたに神の恵みがありますように」と言っているところを想像しました。

彼は朝夕数分間これを行ないましたが、数日たちますとその結果は驚くべきものでした。例の豊かな婦人は彼を訪ねてきて深く先日のことのお詫びを言い、元来の請求額であった三千ドルではなく五千ドルをさし出したのです。彼は愛の法則の富を発見していたのでした。この医者が彼女を少しも非難したりまた報復しようなどとしなかったことに気づかれるでしょう。彼は彼女を神の愛と平和で包んだだけなのです。すると神の適切な行為が起こったのでした。

愛の富は失敗することがない

愛とは心をひろげることです。それはすべての人に対する善意です。あなたがもし会社や工場や商店で働いているならば、自分の周囲の人みんなに健康や幸福や平和や昇進や富やあらゆる人生の祝福を祈念してやることは、あなたに非常な配当をもたらしてくれるでしょう。あなたがみんなに愛と善意を放射し、みんなのために富と昇進を祈念する時、あなたは同時に自分自身を祝福し、自分自身を繁栄させることになるのです。あなたがほかの人のために欲することは、自分自身のために欲することであり、あなたが他の人に与えないでおくことは、自分自身に与えないでおくことなのです。

あなたはあなたの宇宙の唯一の思考者なのです。そしてあなたの考えには創造力があります。ですから、他人に対して善意を持ち、愛と人生のすべての祝福を放射してやることは、わかりきった常識であります。大きなチェイン・ストアの社長が数日前私に語ったところによりますと、その会社でクビになる人の九九パーセントまでが、無能だとか、手くせが悪いとか、のろまだとかの理由からではなく、自分の仲間やお客さんとうまくやっていけないという理由なのだそうです。

「愛は立法の完成である」（ローマ書　一三・一〇）。聖書で言われている愛とは、感傷でもなく甘ったるいハリウッド映画に出てくるようなものでもありません。愛とは家族同士や国家同士を結びつけ、全世界や宇宙の諸星座を律動的に、調和的に、平和的に永劫《えいごう》にわたって動かし続けるあの結合力のことなのです。愛とは健康や、幸福や、平和や、繁栄や、楽しく成功している生活の法則です。愛から生まれる子は調和であり、健康であり、平和であり、親切であり、喜びであり、正直であり、清廉であり、正義であり、笑いです。

あなたの周囲の人みんなに、またどこにいる人にでもみんなに、人生のすべての祝福を放射してやることを今から始めてください。他人の中にある神性に敬意を払い、心の中でその人のために「神の富があなたを貫いて流れているのだ」と実感してあげなさい。あなたは自分自身がいかに繁栄するかに驚かれることでありましょう。夕立のように降りそそぐ恩恵はあなたのものになるでしょう。

愛の秘薬のもつ無限の富

精神の法則についての国際的に有名な講演者であった故ハリー・ゲイズ氏が、結核で衰弱していたあるロンドンの男について、次のような話をしてくれたことがあります。この男の精神的カウンセラーは、彼が銀行家、証券業者などあらゆる富裕な人を憎んでいることを発見しました。この憎悪の感情は、彼が幼年の折、父親がそこの銀行家に支払い義務を怠ったために、家を取り上げられるのを目撃したところから生じたものでした。つまり少年時代の彼は、特殊なケースを一般化して、すべての銀行家や金持ちを憎んでいたのです。

彼の精神的カウンセラーは彼とロンドン株式市場に出かけて、その建物の近くに一時間も立ち、そこを通りかかる人は男でも女でも、みんなに対して、「神の愛はあなたの魂を満たします。神の富は今やあなたのものだ」と肯定するように命じました。この男は最初はいやいやながらでしたが、言われたとおりにやり、その約束を守りました。そして彼が意識的に、また気を入れて、すべての人に愛と富を表現していくにつれ、それは何倍にもなり、圧縮され、集められ、溢れるばかりになってもどってきました。

この男はめざましい回復を体験したとゲイズ博士は言っております。ハーレイ・ストリート（訳者注・ロンドンの医者が集中している地域）の専門家たちによる喀痰《かくたん》検査やその他すべての検査によっても、彼は完全に治癒しておりました。彼は一流の銀行に就職し、非常に成功すると同時に、とても健康になりました。神の愛が彼の心の中にも、身体の中にも、また財布の中にも生きてきたのです。

妻や夫や子供を正しく愛することに内在する富

あなたの配偶者は神の愛で生きているのであり、神の愛が自分の配偶者の全存在に充満し、行き渡っているのだと念じなさい。あなたの愛する者が、神の愛の光で包まれているところを心の目に描きなさい。神の愛の治癒力ある光が、あなたの配偶者の心と身体を包み、くるみ、取り巻き、照らすのだということを実感してください。このように祈っていますと奇跡が生じます。

愛の治癒力を発見した若い秘書

顔に皮膚発疹が出ないようにといろいろのローションを使っていた若い秘書がおりました。彼女はその発疹をにきびだと言ったのですが、それがどうしてもなおらないのです。私のすすめで彼女は、「彼の肉は子供のそれよりも若々しくなり、その若き日に立ちもどるであろう」（ヨブ記　三三・二五）という聖書の命令に従い、自分自身で「鏡《かがみ》療法」を行ないました。

われわれはこの聖書の言葉を少し変えました。そして彼女が毎朝鏡をのぞきこむ時、こう肯定したのです。「私の皮膚は神の愛を包む封筒です。それにはしみもよごれもありません。それは子供の皮膚よりも新鮮で、青春の輝きと美が私の全存在に充満します」と。

彼女の顔は数週間するとすっかりきれいになりました。そして今では彼女が願ったように柔らかく美しく、神の愛の輝きを放射しております。

愛の富は訴訟においても正義をもたらす

五年以上も長びいた訴訟ですっかり気落ちしている婦人と話していた時のことです。この婦人は第一審の時の判事がいかに不公平であったかを指摘し、この問題は今、上告裁判所に行くところだと言いました。彼女の言うところでは、一人の証人はわざわざ嘘をついて偽証したそうです。「すべてが非常に不公平だったのです」と彼女はつけ加えました。

私は彼女に朝夕次のように祈るようにすすめました。

「この裁判に関係している人はみんな神の愛の神聖な円環によって囲まれています。神の愛と真理と調和が関係者一同の頭と心を完全に支配します。それはすべて神的精神において知られ、愛の法則が勝つのです」と。この祈りは彼女の潜在意識の中に巣喰っていたすべての憤りや反感や敵意を溶解しました。彼女の訴訟相手はある朝法廷に行く途中で死にました。そしてその家族は示談にしたのです。実際その家族は喜んで示談にしたのです。彼女はその示談に完全に満足しました。

愛の保護力の富

これは私の友人である医者に聞いた話です。彼の扱っていた精神病患者の一人が、この医者の頭に鉄砲を押しつけて、「神様がお前を殺すようにと俺に命じたんだ」と言いました。この医者は静かに言いました。「神様は考えを変えられたんだよ。というのは今朝、神様が私に向かって、どうしたら君を治して、偉大な啓発された人間にできるかを教えてくれたんだからね」と。この医者は更にこう言いました。「神様は君の中にも住んでいるし、私の中にも住んでいるのだ。神様は矛盾したことを言うことはできなかったのだ。神は愛だ。そして神は今、君が健康で完全になることを欲しておられるのだ」と。

その精神病患者は鉄砲を渡しました。それでこの医者は精神病院に入れて治療を受けさせました。この医者は精神の法則に関心のある人だったので、例の患者の中にも神がいると考えていることは、相手にも感じられるだろうということを知っていたのです。「完全なる愛は恐れを取り去ります」(ヨハネ第一書簡　四・一八)。

愛は結合し、愛は癒す

あなたの奥さん、ご主人、息子、娘さんなどみんなは、自分が愛され、必要とされ、価値を認められ、いろいろな事においてたいせつなのだと感じていなければなりません。ある男が私に最近こう言いました。「私が愛人をもっているわけは、彼女は私が非常に重要な人間であると感じさせてくれるからなのです。彼女は私のやったことをほめ、私に向かって私は大変すてきな人間であり、非常に頭もよく、すばらしく会話が上手で、まことに商売上手で目さきがきくと言ってくれるのです。彼女といると私は王様になったような気分にしてもらえるのです」と。

私は彼にききました。「あなたの奥さんはいかがですか。四人もあなたの子供をうんでいます。貞節で、献身的で、まじめで、そしてすばらしい母親ですよ」

彼は答えました。「それはほんとうです。しかし私は家に帰ると取るに足らない人間にされてしまうのです。私は何も認めてもらえないし、妻は私に小言ばっかり言います」と。

私は彼にこう説明してやりました。「小言ばっかり言う女の人はなるほどたくさんおります。しかし彼女らが小言を言うのは、自分たちが感謝されたり、注意を払ってもらったり、ほめてもらうことがないからです。そのうえ、あなたの奥さんの場合、潜在意識的にあなたの不貞を見破っているのです」と。彼は離婚を望んではおりませんでしたので、私は二人を私のところに招きました。そしてこの二人は、愛は実際あるのだけれども休止状態にあり、一度もはっきり表現されたことがなかったということをつきとめました。何年間も、この二人のうちどちらも、相手に対する自分の愛を表明したことがありませんでした。二人ともお互いに相手を当然のものとしていたのです。

結婚生活を維持するため、二人とも祈念療法を始めました。彼は詩篇九十一を毎晩唱え、彼の妻は詩篇二十七を毎朝唱えました。二人ともお互いに向かって、愛と平和と調和を規則的、法則的に放射し合うことに同意しました。二人とも、お互いのために毎日五分間、「神の愛があなたの魂を満たします。私はあなたを愛します」と肯定し合うことに同意しました。

愛はこの二人を再び神の抱擁において結びつけたのです。というのは、愛は普遍的な和解剤ですから、神と神の愛のみが人類の傷を癒すことができ、また癒すのです。

◆黙想＝愛と善意が私を繁栄させる

「『あなたがたはすべて兄弟である。これはあなたがたの父が一人だからである。』私は常に、いかなる状況にも、またいかなる個人関係にも、調和と平和と喜びをもたらします。私の家庭においても仕事においても、すべての人の頭と心の中で、神の平和が絶対的に支配していることを知り、信じ、かつ念じます。いかなる難問にぶつかろうと、私は常に平和と冷静と忍耐と知恵を保持します。何を言われようと、また何をなされようと、私はすべての人を十分に、また気前よく許してやります。私はすべての重荷を私の内なる神自身に投げてやります。私は自由になっていきます。これはすばらしい感じです。私は自分が許すにつれて祝福もくるということを知っています。」

「どんな難問の背後にも、またどんな困難な状況の背後にも、神の精神という天使を見ます。私は解決がそこにあって、万事が神の秩序に従って解決されていくことを知っております。私は神の精神を絶対的に信じます。それはもの事をなしとげるノー・ハウを持っております。天の絶対的秩序とその絶対的知恵は、今もいつでも私を通して働いているのです。私は秩序が天の第一法則であることを知っております。」

「私の心は今、この完全なる調和の上に喜びに満たされ、かつ期待に満ちて固定されております。その結果として、必然的にして完全なる解決があることを知っております。私の答は神の答です。それは神的です。というのは、それは神の奏で給う旋律だからです。」

本章の要約——記憶してください

(1) 愛は常に外に出てゆくものです。愛は解放するものです。与えるものです。それは神の精神の働きです。愛は対象を持たなければなりません。あなたは音楽とか、芸術とか、科学とか、数学とか、神の真理とかを愛するようになることができます。あなたはまた、自分のより高い自己がすべての祝福の源であると認めて、それを愛するようになることができます。それはあなたの内にある神です。

(2) あなたは自分の考え、イメージ、アイデア、反応などを支配する王であり、絶対君主です。雇主が被雇傭者に何をやるかを指示するように、あなたは自分の考えに自由に命令を下すことができるのです。あなたが車を運転するように、あなたの考えをも正しく運転することができるのです。

(3) あなたのより高い自己すなわち神を愛することは、とりもなおさず、全知全能にしてすべてを知り、すべてを見給う、あなたの内なる神性に対して、健康で、恭虔《きょうけん》で、健全なる尊敬を持つことを意味しております。別の言葉で言えば、それはあなたの内なる精神、つまり神に対して最高の忠誠を誓うこと、そしていかなる被造物に対しても、たとえわずかの権力を与えることも絶対的に拒絶することを意味しております。

（4）自分がやりたいと思うことをやっているところを想像することによって、あなたはより堂々とし、より偉大な、より高貴な自己像を愛するようになることができます。心の写し出す映画に没入し、夢中になりなさい。そうすればあなたは自分の目標を達成することができます。あなたの理想を愛することは、すべての恐れを投げ出すことです。

（5）緊急事態の最中においては、「主はわが光りにしてわが救いである。私は誰を恐れようか、主はわが生命の力である。私は誰を恐れようか」と肯定しなさい。すると反応があって、安全はあなたのものになるでしょう。

（6）ある人が悪口雑言を言って、当然払うべき負債を払うことを拒否した場合には、その人を光と愛で包んでやりなさい。神の愛がその人を通じて流れ、調和の法則が勝つのだと感じ、かつ知ってください。そうすれば調和のある解決が生じてきます。

（7）あなたの周囲にいる人すべてに、またあらゆる場所にいるあらゆる人に愛と平和と善意とを放射してください。彼らのために、健康と、幸福と、平和と、裕福と、人生のすべての祝福を祈念してあげなさい。あなたがこうすることを習慣にするにつれて、無数の祝福があなたのものになるでしょう。人生の失敗者の九〇パーセントは、その人たちが他人と間違った摩擦を起こすためにうまくやってゆけないのです。愛と善意がその解決策です。

(8) 愛は健康と幸福と富と成功の律法を成就することです。愛はすべての人に対する善意です。そしてあなたが他人のために祈念してやることは、実際はあなた自身のために祈念していることになるのです。

(9) もし他人の富や成功がしゃくにさわる時は、あなたが見たり会ったりする人すべてのために、「神の愛はあなたの魂を満たし、神の富は今あなたのものである」と肯定してやりなさい。あなたの人生に奇跡が起こって、あなたは嫉妬と悪意から癒され、あなたは繁栄します。

(10) もし結婚していらっしゃるなら、あなたの配偶者に「私はあなたを愛しています。神はあなたを愛しています」と言ってあげなさい。そう感じ、そう信じ、そう宣言しなさい。愛は結合し、結婚生活を維持します。

(11) 皮膚疾患がある時は、「私の皮膚は神の愛の封筒であって、しみもよごれもありません」と肯定してください。神の愛は、神にふさわしくないものをすべて溶解させてしまうのだということを悟ってください。そうすればあなたの皮膚は治り、輝くばかりに完全になるでしょう。

(12) どんな種類のものであれ、長期にわたる複雑な訴訟にまきこまれたならば、神の愛が関係者一同の頭と心を貫いて流れていること、また神の調和と愛を通じて、神的解決があることを悟りなさい。ハッピー・エンドを見、神の愛の作用による神的解決を瞑想しなさい。そうすれば勝利と適切な行為はあなたのものになるでしょう。

(13)あなたは神の愛が相手の中にもあることを実感したり、また神の愛があなたに充満し、あなたを包んでいるのだと実感することによって、あなた自身を守ることができます。それは神が神に話しかけているのだと実感しなさい。そうすればあなたは守られ、自由にされるでしょう。

(14)結婚している男が愛人を持っている場合、その男はたいてい、その理由としてその女性が彼をほめてくれたり、自分をすぐれた重要な男のように感じさせてくれるからだと、主張します。愛人は彼のすぐれた点や美点を強調してくれると言うのです。結婚を維持するためには、お互いの中に神を見、お互いの中の神をたたえなさい。そうすれば結婚は年を経るに従ってますます祝福多きものになるでしょう。愛は結合します。愛は癒します。愛は魂を回復させます。神は愛です。

(15)この章の終りによる「黙想」を用いれば、あなたが毎日の生活のあらゆる種類の富を得るのに非常に有益であることがわかるでしょう。

第15章　お金を引きつける磁力を身につける方法

レイルフ・ウォルド・エマソンは、「原理の勝利以外、あなたに平和をもたらすものはない」と言っています。あなたが自分の心の働き方を知り、それを賢明に指示すれば、あなたの平和と、繁栄と、冷静と、均衡と、安全が増大します。

橋を作る時、技師は数学の原理に従います。この技師は圧力や張力やそのほか複雑な科学的計算の知識を得るわけですが、これらは昨日も今日もいつまでも同じ不変の法則に基づいております。

あなたの心の法則には神様も聖書の中で何度も何度もあなたの注意をむけさせております。すなわち、「あなたの信ずるように、ちょうどそのようにあなたになされるのである」と。

極度の緊張は何千もの人の生産的生活に干渉し、その結果として挫折やら多くの神経症を生み出しております。ただ、ある程度の心配は正常であり必要でもあります。たとえばステージに出ていこうとしている歌手は、いくらか緊張しておりますが、これはエネルギーと力の蓄積なのであって、これによって精神的バッテリーが充電され、いかなる失敗感をも克服できるようになるのです。危険なのは、過度の長期にわたる緊張です。歌手が歌い始めると、ねじをまかれた時計がエネルギーを利用して時を刻むように、その蓄積された余剰エネルギーを放出していくのです。しかし時計のネジをあまり固く捲きすぎると、ゼンマイを切ります。そうすれば歌手も歌えないし時計も時を刻みません。

あなたが「私は自分を強める力なる神を通じてすべてのことをなしうるのだ」という感じをあなた自身に充満させることができるならば、あなたはすばらしい演技を成し遂げることができます。

借金に対する緊張と不安を克服したビジネスマン

ネバダ州のラスベガスに行く飛行機の中で出会ったビジネスマンと最近話し合った時、彼はこう言いました。「約五年ほど前、私はうんと借金をしており、たくさんの卸売業者に支払いを迫られ、訴えるぞと脅されておりました。ところがある晩、私は腰をおろして詩篇第二十三章を読みました。するとその時、私が借金をしている人全部の名前と、その金額をリストにしてみようというアイデアが私の心の中から湧き上がってきたのです。私は債権者一人一人の名前と、その人に対する正確な負債額とを書き記しました。それから私の想像力の中で各人を訪問し、その正確な負債額を書いたチェックを手渡しているところを絵にしていました。私は心の目で、その一人一人がほほえんで私に感謝し、また私に『おめでとう』と言ってくれるのを見ました。私は一人一人の握手の手ざわりを感じ、一人一人の顔の上に幸福そうな表情を見、またどの人も、『あなたにはいつもかけで卸しますよ』と私に言ってくれるのを聞きました。」

彼は毎晩、いきいきと実際に目で見るように、またそれがすべて自然で、その喜びも感じるようにしながら、何度も何度もこの心のイメージ、あるいは心の映画を繰り返したと言うのです。上のような祈念法に従っているうち、彼は大きな平和感と静寂感を感じました。そうして約二週間たった時、彼は非常になまなましい、予言的な夢を見ました。ある男が夢の中に現われて、彼に向かって、あるカジノに行って、ある番号を選んでルーレットをやるように命じたのです。そして彼は自分が獲得する金額まで見ました。

次の日の夕方、彼は夢の中で指示されたとおりのことを正確にやりました。そして三万ドルを得、彼の負債をすっかり払ったのです。彼はその後ギャンブルはやっておりません。そして自分の潜在意識がそれ独自の方法で自分の要求に応えてくれたことを悟っております。彼は毎晩、黙想の中でハッピー・エンドを見ました。そして自分の祈りが楽しく成就されたのを見、また感じた時、彼は叶えられた祈りの喜びを体験したのです。お金とは実際に、あなたの心の中にある思考イメージなのです。あなたの考えは物です。富は心の状態であり、それ以上の何物でもなく、それ以下の何物でもありません。

借金の心配を追放する方法

借金の重荷を背負い、未払い請求書の山を抱えこんでいる多くの人たちに対して、私は多年にわたって、次のような祈りを与えてきました。

「神は私の供給源です。私が心配することは神を信頼していないことになることを私は知っております。私が今持っているお金は千倍にも拡大され増殖されます。私が持っているお金はそれが小額でも、神の無限の富の象徴であることを知っております。私は自分の内なる無限の存在者が、すべての負債を払った上に、もっと余剰金が出るような道を私のために開いてくださることを確信して、それの助けを求めます。私はすべての借金のリストをわが天なる父の手に提出します。そして神の秩序に従ってそれが全部支払われることに感謝します。神の富は私の人生を循環しております。そしてすべての債権者に支払いを済ませたことを喜び、非常に嬉しく思います。そして神は夢にも見なかったほど、私を繁栄させてくださいます。私は今や受け入れられたと思います。そして私の信ずるごとくに私になされることを私は知っています。神が今私のために、天から恩恵を雨のごとく降らせてくださることを私は知っております。」

私は負債のある人には誰にも、喜びに満ち、愛をこめ、そして自分の要求することに応じて必ず反応があるのだという理解をもって、上に述べた真理を念じるように教えております。不安が心に浮んだ時は、けっして請求書や欠乏や借金のことを考えるべきではなく、ほほえみながら、神の豊富と富裕に対して感謝し、借金の支払いが今すんだことを喜ぶべきなのです。このテクニックに忠実に従いますと、心を富のほうに向けて条件をつけ直すことになります。そして私はすばらしい結果が続いて起こることを見てきております。あなたもこの祈念法を使うことができ、あなたの人生に奇跡を起こすことができます。

くつろいで問題を手放し、あなたを取り囲んでいる富を体験しなさい

供給の見えざる源を信ずることは難しくありません。あなたの五官は、この三次元の周囲の

世界をあなたに示してくれます。あなたの耳は数オクターブの音しか聞こえないようにできていますが、ラジオやテレビのことを考えれば、あなたの周囲は何千マイルも離れたところから送られてくる交響楽や、音楽や、笑いや、歌や、ドラマや演説や、人の声でいっぱいであることがわかります。

あなたの目は自分の周囲の物体を見るようにできているのですが、大気の中は、スペインの闘牛や、海ゆく船や、オペラや、閣議や、大統領の記者会見などで満ちているのです。ガンマ線やベータ線やアルファ線や輻射線や宇宙線は目に見えませんが、しかし大気はこういった震動でいっぱいなのです。目に見えない富やお金や不動産販売についてあなたが思考イメージを持つことが、そのアイデアに関する第一原因であり、この真理を受け入れ、その現実性を感ずることによって、あなたの見えざる思考イメージはあなたの欲しがっているお金となり、富となり、家となるのです。考えは物なのです。

会社での不安と緊張を克服した秘書

法律関係の秘書をしている女性が「自分の会社には紛争が多いのです」と私に訴えました。そして役員と被雇用者の間に、陰謀や足の引っ張り合いが相当あることもつけ加えました。私がすすめた対策というのは、「あなた以外にあなたを悩ますものは実際にはいないのだ」ということを彼女に説明することでした。彼女は自分自身の考えで、また出来事に対する自分の反応によって自分自身を悩ましていたのです。ちょっと落着いて考えてみれば、あなたを苦しめているのは常にあなた自身の考えの動きであることがおわかりになるでしょう。

他人が何を提案しようと、何をしようと、あなたを悩ましたり苦しめたりする力はないのです。ただあなたが自分の内なる力を彼らに渡して、「あの人は私を悩ます力がある」と心の中でつぶやくから、あなたは悩まされたり苦しめられたりするのです。その場合、あなたは自分の心の中にある邪神を神の庭に祭り上げていることになります。あなたの調和も、平和も、健康も、富も他人に依存はしないのです。あなたの心の神を神の座に祭り上げてください。神こそあなたの雇用者であり、ボスであり、支払者であり、調整者であり、問題解決者であります。

私はこの秘書に次のような精神的処方を規則正しく利用するようにすすめました。「神の愛が働いている時の私を支配します。私は他人についての意見を持ちません。私は人を裁きません。ですから私は悩むことも悩まされることもありません。神の平和と調和が、私と私のすることすべてを支配します。すべての心配は完全に鎮められています。というのは私は神のために働いており、神の平和が私の心を満たすからです。神の自信と喜びが常に私を包んでおります。会社で働いている人はすべて神の息子であり娘です。そしてどの人もこの会社の平和と、調和と、繁栄と、成功に貢献しているのです。神の愛がわが社の戸口から入ってきます。そして神の愛が会社の人みんなの頭と心を支配します。そして神の愛が戸口から出ていきます。神は私のボスであり、支配者であり、ガイドであり、カウンセラーであり、私はこれ以外の他の者を認めません。私はすべての権能と認知を神に与え、神の光に照らされて静かに、平和に歩みます。私は笑い、私は歌い、私は喜びます。神は私の人生に奇跡を起こします。」

　彼女は毎朝仕事に行く前と、毎晩眠りにつく前に、この祈りを繰り返しました。そして短い間に、自分の周囲の人たちの否定的暗示や否定的な案をいっさい受つけぬ免疫性を作り上げました。だれかがいやなことを言ったり、不機嫌だったり、皮肉だったりした時、彼女は静かに心の中で、「私はあなたの中の神様にご挨拶申し上げます。彼はあなたを通じて考え、話し、行為し給うのです」と言うようにしました。彼女は何物にもわずらわされず、何物にも動かされず、何物にも妨げられず、何物にも脅かされませんでした。彼女は自分自身の内に神を見出し、それで十分でした。

　私はこの女性のために結婚式を司祭するという喜びを持ちました。彼女は自分が働いている会社の社長と結婚したのです。その社長は私に言いました。「彼女は私の会社の女子社員全部のうちで、最も輝くばかりであり、もっとも天使のようです」と。正しい祈り方を知ることによって彼女はすばらしい配当を受けたのです。これはあなたにとっても、同じことになりましょう。

試験に失敗するかもしれないという不安を克服した学生

　卒業年度にいる大学生が私に向かってこう言いました。「私は不安でいっぱいで、すっかり緊張しています。夜、自分の部屋で勉強しても、翌朝になるとすっかり忘れているのです。そしてもういくつかの試験は落としてしまいました。私はもうコチコチです。毎晩、旧約聖書を読むのですが役に立ちません」と。

私は彼にこう説明してやりました。「あなたの問題は、不安と緊張をずっと継続的に感じているることです。あなたは覚えられないんじゃないかと心配しながら教室に行き、また失敗するんじゃないかと思いながら試験を受けています。そのような緊張状態にあっては、精神が障壁を作ってしまい、潜在意識の中にある解答が心の表面に出てこないのです。あなたは旧約聖書を読んでも、それを実行はしてないのでしょう」と。

私はこの青年にこの精神的処方策を与え、毎晩、勉強を始める前に次のように祈り、また肯定するようにすすめました。

「あなたは今彼を知ってくつろぎなさい。これによって、よいことがあなたに起こるであろう」（ヨブ記　二二・二一）。「主が静けさを与え給うというのに、誰が面倒を起こしえようか」（ヨブ記　三四・二九）。「神なる主、イスラエルの聖なる主はこう言われる。戻りて休らうことにこそあなたがたの救いがあり、静けさと自信の中にこそあなたがたの力があるのであろう、と」（イザヤ書　三〇・一五）。「神は混乱を作るものではなくて、平和を作るものだからです」（第一コリント書　一四・三三）。「あなたの法を愛する者は大なる平和を持ち、その人たちをつまずかせるものは何もない」（詩篇　一一九・一六五）。

この学生は毎晩、このような偉大な真理で自分の心を飽和状態にし、それを吸収し、心の中で消化しました。彼はこれらの真理が、地に播かれた種のように自分の潜在意識に沈んで働き、自分の一部分となるところを想像しました。彼は心の調整をし、自分の注意を神の平和と力の流れの上に集中し、もう注意を自分の問題の上に釘づけしないことにしました。

彼の心は今や神の上にとどまりました。そして毎晩眠りにつく直前に彼は「知らなければならないことすべてを私は完全に記憶します。そして神の秩序に従って私はすべての試験にパスし、感謝します」と肯定しました。彼は自分の難問を克服し、精神的にも肉体的にもくつろぎました。彼の不安は取り除かれ、才能と記憶力は解放されたのです。彼が自分の心を、右にあげた大昔からの聖書の真理で飽和状態にした時、彼は自分の潜在意識の中のすべての否定的な型を中和し、心を新しくすることによって変身したのです。

仕事上の不安を克服した会社役員

私は最近、医者の「不安ノイローゼ」という診断を受けた実業家と面接しました。「私はひどく緊張していて、夜は眠れず、お金のことや、将来のことや、子供のことや、インフレなどが心配なのです」と彼は言いそえました。

私は彼にこう言ってあげました。「ある程度の緊張はよいのですよ。たとえば張力のない鋼鉄はよい鋼鉄とは考えられません。あなたのお医者さんが言っているのは疑いもなく、異常に間違った方向へ向けられた緊張やエネルギーのことでしょう。あなたはそのお医者さんの言うとおりになさったらよいと思います。しかし同時に、言葉による次の偉大なる治療法を実行してください」と。

この人が「不安ノイローゼ」を克服した方法は次のようなものでした。彼は一日三、四回、静かに自分自身と対話を始め、そのたびごとに、静かに、また愛をこめてこう肯定しました。

「私の足はくつろいでいる。くるぶしもくつろいでいる。ふくらはぎもくつろいでいる。腹筋もくつろいでいる。心臓と肺もくつろいでいる。背骨もくつろいでいる。頸《くび》も肩もくつろいでいる。脳もくつろいでいる。目もくつろいでいる。手も腕もくつろいでいる。私の全存在がくつろいでいる。そして、神の平和の流れが、生命と愛と真理と美の黄金の河のごとく私を貫いて流れているのを私は感じます。全能なる者の精神と霊感が私を貫いて流れ、私の全存在に活力を吹きこみ、それを癒し、回復させてくれます、全能なる者の知恵と力は、神の秩序に従い、神の愛を通じて、私がすべての目標を達成できるようにしてくださるのです。私はいつでもくつろいでおり、静かで、冷静で、均衡を保っております。私が信仰し信頼するのは神と、すべてのよきものです。自分を強めてくれる力なる神を通じてすべてのことをなしうるのです。私は至高なる者の秘所に住いする者です。そして私の抱く考えはすべて調和と平和と万人に対する善意に合致するものです。『神はわれわれに恐れの精神でなく、力と、愛と、健全さの精神をお与えくださったからです』(第二チモテオ書　一・七)。私は平和に眠り、喜びに目ざめます。彼は私の必要物をすべて供給したまい、神の富はふんだんに私の体験の中に流れこんできます。私の安全は神の中にあり、神の愛の中にあります」と。

彼は毎日しばしば今述べた真理を繰り返しました。そしてその驚くべき精神的振動は彼の潜在意識の中の病気に冒された不安中枢を中和し、抹消したのです。彼の好きな単語は「平静と平穏」の二つになりました。彼は自分には精神的予備軍がいるのであって、それに呼びかけさえすれば、すべての不安や心配を完全に消してくれるということを発見しました。今や彼はすべてのよきものに深い信念を持ち、平和は神の心の中の力であることを発見しております。「神の平和があなたがたの心を支配するようにしなさい」（コロサイ書　三・一五）。

◆無限の富を目前にするための黙想

ここに述べる黙想は、より豊かな生活と、永続的繁栄を求める人たちに奇跡を起こしてきております。

「今日から私は精神的に変わるのだ。私は古い考え方からすっかり自分自身を切りはなします。そして神の愛と、光と、真理を、断固として自分の体験の中に持ちこみます。私は意識的に、自分の出会う人みんなに愛を感ずることにします。私が接触する人すべてに、私は心の中で『あなたの中に神を見、またあなたも私の中に神を見ることを知っています』と唱えます。私はすべての人の中に神の諸性質を認めます。私はこれを朝も昼も夜も実践します。それは私の中の生ける一部分です。」

「私は今、精神的に新しく生まれ変わるのです。というのは一日中、私は神の精神を実践するのですから。私は何をしている時でも、つまり道を歩いている時でも、買物をしている時でも、毎日の仕事をしている時でも、私の考えが神やよきものからそれた時はいつでも、私は神・・・・・の聖なる精神を観想するように、自分の考えをもとのところに戻します。私は自分が気高く、威厳があり、神のごとくであると感じます。私は神との一体感を味わいながら、颯爽と歩きます。神の平和は私の魂を満たします。」

本章の要約――記憶してください

（1）原理の勝利以外、あなたに平和をもたらすことのできるものはありません。あなたの心に神的なアイデアを供給してやることによって、心を正しく用いなさい。そうすればあなたは平静と平穏を経験することでしょう。正しく考え、正しく感じ、正しく活動し、正しく行ない、正しく祈りなさい。

（2）ある程度の緊張はよいことです。過度の緊張は破壊的です。あなたの時計もネジをかたく巻きすぎるとゼンマイが切れます。重要な任務や上演をやる時はいつでも、あなたはある程度のエネルギーを蓄積しますが、このエネルギーはあなたの内なる神の力であって、このおかげであなたはすばらしいことをやることができるのです。そしてよく手入れのしてある時計のように、あなたはそのエネルギーを、旋律的に、喜びをこめて徐々に放出するのです。過度の緊張は恐れであり不安です。神の平和があなたを貫いて流れ、全能なる者の力があなたを強めているところを観想してください。そうすれば不安や恐れは無効になり、失効になります。

（3）あなたにたくさんの未払いの勘定書がある時、あなたは借りのことをくよくよ考えてはいけません。神はあなたの即座の供給者であって、あなたの経済的必要に今すぐ応じてくれるのだということを念じなさい。債権者全部の名前と、その人たちから借りている金額を紙に書いて、それが全部、支払えたことに対して感謝しなさい。あなたが各債権者に小切手を渡し、それを受け取った人たちがほほえみながら「おめでとう」と言っているところを想像しなさい。これが現実としてなまなましく感じられるようになるまで、何度も何度もこれを繰り返しなさい。

（4）すべての債権者には今支払いが済み、神の富は自分の生活を循環し、夢にも見なかったほど繁栄せしめられていることを、心の中で喜び、非常に嬉しがりなさい。信じなさい。喜びなさい。感謝しなさい。神はけっしてやりそこねることはないのですから。

（5）あなたがこの宇宙の中で見るものはすべて、神、あるいは人間の見えざる精神から生じたものであることを悟ってください。ラジオとか自動車とか家とかが、最初は技術者や建設者の心のイメージから生まれたと同じように、あなたの富に関する心のイメージが、これに関する第一原因なのです。

（6）あなたを除いてあなたを妨害することのできる者はいないのです。あなたを妨害するのは、常にあなた自身の心の動きです。あなたを悩ますのは他の人の言うことでも、他の人のやることでもありません。それは、あなた自身が他人の言うことや、やることにどう反応するか、またそれをどう考えるかということによって決まるのです。意見がなければ苦しむこともないのです。あなたの目を、あなたの内なる神の精神にすえたままにしなさい。そしてあなたの忠義や、忠誠や、信頼を、あなたの内なる至高なる原因者に捧げなさい。別の言葉で言えば、偽神を崇拝することをおやめなさい、ということです。あなたの目を神の上にすえておれば、あなたの行く道の上に悪はありません。神はあなたのボスであり、支払者であり、ガイドであり、カウンセラーであります。あなたはすべての名誉と栄光をこの神に捧げるのです。

（7）過度の緊張と不安はあらゆる面において、あなたの記憶や能率に悪影響を及ぼします。静かな心を得るための理想的方法は、聖書にある偉大な永遠の真理のいくつかと一体感を持ち、これらの精神的宝石とも言うべき知恵を繰り返して唱えることです。浸透によってこれらの真理は潜在意識に入りこんで行きます。そして気がついてみると、あなたは自分がくつろいで、おだやかな気持ちでいることに気づかれるでしょう。このような精神的宝石の一つには次のようなものがあります。「その心で常に神のことを考えている者は、神を信頼しているのであるから、その人を神は完全なる平和に保ち給うであろう」（イザヤ書　二六・三）。

（8）もしあなたが緊張し、不安で、いらいらし、心配であるならば、次の偉大な真理をじっと考えてください。「彼はわれわれに恐れの心ではなく、力と愛と健全の心を与え給うたからである」（第二テモテオ書　一・七）。もしあなたが不眠に悩んでおられるなら、眠りにつく前に、「私は平和に眠り、喜びに目ざめ、神に生きます」と肯定してください。「あなたが横になる時、恐れないであろう、然《しか》り。あなたは横になる。そしてその眠りは甘美なものであろう」（箴言　三・二四）。

（9）この章の終りにある「黙想」を利用して、緊張と不安をやわらげ、万人の内なる神を実感してください。

第16章　黄金の祝福の豊かな収穫を自動的に取り入れる方法

自信を得るようになる秘訣は、エマソンの自己信頼に関する著作『自恃論《じいろん》』すなわち自分自身を信頼することという本の中に次のように示されております。「あなた自身を信じなさい。すべての人の心はその鉄線に合わせて震動するのです……。偉人はいつでもそうしたのです……。そして絶対的に信頼できるものが自分の胸に宿っており、それは自分の手を通じて働き、すべての思考を支配するものだと悟っていたことを示しております。」

多くの人は、男でも女でも自分自身を信じません。そういう人は自分で自分の品位をおとし、自分自身を引き下げているのです。どの人の場合も、ほんとうの自己は神なのです。この神のことをエマソンは「胸に宿っている絶対的に信頼しうるもの」と呼んでいるわけです。つまり神の精神はあなた自身の潜在意識の深みに宿っており、あなたの身体全体を支配し、眠っている時もあなたを見守っているのです。それはあなたの手を動かし、歩いたり話したりすることができるようにさせている見えざる力であって、この力があなたに知る必要のあることをすべて示してくれるのです。あなたにとって必要なことは、この精神と力と信頼することだけです。そうすれば答はあなたのものになるのです。人とコネができたり、知り合いができたりする場所はあなた自身の中にあります。

自己信頼を作りあげる方法

エマソンが「絶対的に信頼すべきもの」と呼んでいる神が、あなた自身の潜在意識の奥にあることを実感する時、自己信頼の気持ちが生まれます。しばしば次のように肯定してください。「神は私の内に住み、私と共に歩き、私と共に語るのです。神は今、私を導いてくださっております。私を強め給う力なる神を通じて、私はすべてのことを成しえます。神が私に味方してくださる時、誰が私にはむかうことができましょうか。神に挑戦する力はありません。そして神はすべての面で私を見守ってくださるのです。すべての問題が神の手によって克服されます。そして私は神が解答を与え給うことを知っているので、私はどんな仕事にも勇気をもって取り組みます。神は私を愛し、私の世話をし給うのです。」

毎朝毎晩、今述べた真理の美しさと知恵であなたの心を満たしてください。そうするとこの真理は次第にあなたをとらえて、潜在意識に浸透していきます。そしてあなたは波瀾の多い人生を、ゆるがざる自信と信念をもって乗り切り、そのうえ、すべての問題に打ち勝ったのだという勝利感もえられることでしょう。

自己信頼によって富を得た青年の話

数週間前、ある薬剤師と話していた時、彼は私にこう言いました。「私は二年前、無能だと言う理由で解雇されたのですが、私はそれを自分の人生のうちで最も幸運な日であると考えたのです。私は無限の知性が導き、指導して、私のとるべき次の一歩を示してくださることを知っているのだから、このことからよい事のみ生じうるのだと自分に言いきかせました。無限の知性は私のために奇跡を起こしました。私は自分が解雇されたことを、妻の父と話し合うべきだという、深い直観的な感じを受け取りました。すると彼は直ちに、私が自分で薬屋を開店するに十分なだけの資金を出してくれたのです。そして『利子は要らないから、ゆっくり返済してもよいよ』と言ってくれたのです。」

今日ではこの青年は店を二つも持っています。そして奥さんのお父さんへの借金は第一年目で返済することに成功したのでした。彼は自分の内なる自分と、自分は成功する能力を持っていることを信じたのです。彼の自己信頼心は、お金という形においてのみならず、落着きや、確信や、稀に見るユーモアのセンスなどという形において、彼に大きな利子を支払ってくれたのでした。自己信頼心というのは伝染力があることを忘れないでください。それは潜在意識的に他人にも伝えられ、その人たちの助けによってあなたの心からの願望は実現されるのです。

自己信頼によって資金の欠乏を解決した男の話

故オリーブ・ゲイズ博士は私といっしょの仕事をしていた人ですが、これは彼女から聞いた話です。ある時、彼女のところに、自分の二人の兄弟にひどく腹を立て、敵意を燃やしている一人の男がやってきました。彼の兄弟は彼をだまして大金を取り上げたのでした。彼は経済的にも窮乏しており、ちょっとおろおろするほど心配していました。この男はどうして幸運をつかむことになったのでしょうか。

故ゲイズ女史は、根源に信頼を置き、自分の憎悪から兄弟を解放してやるように彼を指導しました。彼女は彼に次のように肯定するようすすめたのです。「私は兄弟たちを完全に神にさし上げます。私は神が私の永遠の供給源であることを信じます。神の愛が私の心を満たします。神の平和が私の頭と心を飽和状態にします。私は神の指導や指示に最高の信頼を置きます。私は主において強く、主の強き力において強いのです。神の富は、ふんだんに、楽しげに、果てることなく私に向かって流れてきます。私は今、神の富に対して感謝を捧げます」と。

彼がこうした愛と信頼の種を植えていくにつれ、彼の中の憤りはすっかり解消しました。ところで、彼は非常に年をとって、弱っているのに、老人ホームに行きたがらないでいる祖母の世話をしていました。彼は一日に二度このおばあさんを見舞い、ちゃんと食事などがとれるよう取り計らいました。彼は食品の買い出しをしてやり、ツケを払い、日曜日には車にのせて教会に連れて行ってやりました。そしてその間中ずっと、おばあさんは少しばかりの年金と福祉資金で生きているのだから、と考えていました。彼の動機は親切と愛でした。彼は報酬を期待もしなければ望みもしませんでした。

そして彼のおばあさんはある晩、急になくなりました。彼が弁護士に呼ばれて、このおばあさんが全不動産を彼に遺贈したということを告げられた時の驚きを想像してください。この不動産は十五万ドルの価値があり、それは彼が兄弟たちにだまし取られた額の三倍にもあたりました。すべての恩恵の源に対して彼が信頼をもち、愛と許しと善意を与えたことは、彼に豊かな収穫をもたらしてくれたのです。

眠りに入る前に自己信頼を作る

自己信頼を育てる最も強力な方法の一つは、眠りに入る前の、ねむたい、うとうとした、くつろいだ状態の時です。そういう状態の時には、あなたの潜在意識がいわば露出するからです。そしてこれはあなたの潜在意識にいわば受精させる、つまり新しい考えを吹きこむには最善の時の一つなのです。眠っている間、これらの考えはあなたの心の暗がりの中で成長します。するとあなたの潜在意識は、あなたに富と繁栄と成功をもたらす最善の方法を決定するのです。

ある商店主が私に、自分は失敗や破産の心配でさいなまれており、問屋への勘定書も払うことができない状態です、と言いました。そこで私は彼に、次のような自信と富と成功についての考えを、毎晩眠りにつく前に、ゆっくりと、静かに、感じをこめて肯定するようにさせました。その処方というのは次のようなものです。

「彼は私をお導きくださって、私の願望を実現するための完全なる計画をお示しになることを知っておりますので、私は毎晩、平和に眠り、喜びと自信をもってめざめます。私の仕事は神の仕事です。そして神の仕事は常に繁栄します。神の富は私の人生を循環し、しかも常に余りがあります。私は絶えず私のところにますます多くのお客さんをひきつけます。そして私の人生の毎日、ますます大きなサービスを与えます。私のところの従業員たちもみんな恩恵を受け繁栄せしめられ、幸福と繁栄と神の富がみんなの頭と心を絶対的に支配します。私は自信に満ち、私の合名会社の社長である神に絶対の信頼を置きます。」

このビジネスマンは、この祈念療法のテクニックを毎晩実践しました。そして潜在意識をこうした生命を与える思考の型で充電した時、彼は自分の全生活と仕事の型が変わっていることに気づきました。あるチェーン・ストアが、そこに新しい店を建てると言うので、彼の店と地所をすばらしい価格で買収したいと申し込んできたのです。彼は喜んでそれを売り、予想したよりはるかに大きな金額を受け取りましたので、借金もすっかり支払い、ハワイに隠退することができました。彼と彼の奥さんはそこに分譲マンションを買い、将来、世界各地を旅行する計画を立てております。彼の店の従業員たちはすべて、そのチェーン・ストアにやとってもらいました。

あなたの神的な内なる心の働き方は、思考の範囲を超えたものです。自分の潜在意識というものは、そこに預金したお金を極度に大きくしてくれるほんとうの銀行で、いつでもその金の用意をしてくれているのだということを、この人は身をもって証明したのでした。

あなた自身を新しく評価することの富

あなた自身を認めなさい。あなた自身を受け入れなさい。あなたは神の個別化された表現であることを悟ってください。あなたは生ける神の息子、あるいは娘です。あなたの新しい評価、あるいは青写真とは、あなたの内なる至高の知性が常にあなたの考えに応じてくれるということを深く確信することなのだということを忘れないでください。けっして変わることなく、昨日も今日も、また永遠に同じであるものにあなたの信頼を置きなさい。神学や哲学や政治や金銭上の価値は増えたり減ったりします。洪水は来たり、また去ります。この宇宙の中では万事が変化し流転します。しかしあなたが自分の内なる生命の原理に信頼を置く時、あなたはよきものに欠乏することはけっしてなく、いろいろな形をとった金銭を、いつでも必要なだけどころか、神的にありあまるほど持つだろうということを忘れないでください。

次の偉大なる真理を忘れないでください。「私はいかなる悪をも恐れない。主が私といっしょに居給うのだから」（詩篇　二三・四）。「何となれば主があなたのために天使に命じて、あらゆる面であなたを守らせてくださるのだから」（詩篇　九一・一一）。

自己信頼の富が劣等感を解消してくれることを発見した若い女性

デパートに勤務している若い女性が私にこう言いました。「私はとるにたらない人間だわ。私は貧しい家に生まれ、ろくな教育も受けなかったのですもの」と。私は彼女に説明してやりました。「もしあなたが自分はどういう人間であるかをすっかり考えなおし、また自分の人生の条件や体験や事件は結果なのであって、原因なのではないということがわかれば、あなたは劣等感や自己嫌悪感をすっかり放逐することができますよ」と。

彼女は次の真理を悟ることによって、自分の劣等感を全部追い払ってしまおうと決心しました。「私は神の娘です。私はユニークです。世界中に私と同じ人間は一人もいません。神は自己反復をなさることはけっしてありませんから。神は私の父であり、私はその子です。神は私を愛し、私の世話をしてくださいます。私が自分をせめたり、自分の欠点を見つけたくなるような時はいつでも、私は直ちに『私は自分の真中で神をたたえるのだ』と断言します。神は今や私を通じて、すばらしいやり方で自己実現をしています。私はすべての人に愛と、平和と、善意とを放射します。私は私の神と一体であり、私の父は神です。私はほんとうの自分は神であることを知っております。そしてこの瞬間から、私を創造し、私に生命や呼吸やすべてのものを与え給う私の内なる神に対し、健全にして恭順な尊敬心を持ちます。」

これらの真理について考えているうちに、彼女はすべての不安感や劣等感が消えていくのに気がつきました。彼女は自分が結婚したいと思う種類の夫について、静かに考え始めました。その後間もなく、彼女は店で一人のお客と知り合いになりましたが、彼こそは自分の心に描いた夢に対する答でした。このことはすべて一ヵ月以内に起こったのです。彼女は気がついてみたら、単調な生活から引き上げられ、結婚し、豪華な家に住み、愛情深い夫を持っていたのでした。彼女は富を最初に内に見出し、それから人生の富を客観的な外界に見出したのでした。

称賛の富を実践する利益

一人の青年が私のところにやって来てこう言いました。「僕の教授が、微積分学のクラスに入ったらどうかと言ってくれたんですが、微積分はあまりよく解らないので、そのクラスに入るのは心配だと答えたんです」と。私は彼に次のように説明してやりました。「ロビー君。もしその教授が、君の能力を信用し信頼していなかったら、そんなことを君にすすめなかったと思うよ。それに、無限の知性が君の中にあるのだ。君は十分頭もよく、かしこいのだから、それは常に君に応えてくれることを知っているだろう。君は敏感で、頭がよく、鋭い。君はすばらしい頭脳を持っている。そして君は神と心についての、神の法則を深く信じている。君はそれがやれるんだということを僕は完全に信ずるね。君がその申し出をすぐ受け入れることを望むよ。神は勉学においても君を導き、君が知る必要のあることをすべて君に示してくださるのだ。」

私がロビー君に言ったことの要点は以上のようなものでした。私の彼に対する信頼と、彼の知性の鋭さと聡明さに対する私の称賛を聞いて、彼は喜びで顔を輝かしました。そして今彼は、微積分のクラスでトップです。彼はクラスの代表になり、数学の教授の厚い信頼を受けております。ロビー君が必要としていたのは、彼のより高い自己に対する信頼心をかき立て、それを認めてくれる誰かだったのです。あなたの自己や他人の自己に対する心からなる信頼は、あなたの人生にも、また他人の人生にも奇跡をもたらすものなのです。

夫に自信を起こさせるという富を発見した妻

ある大学講師の妻が私に言いました。「主人は特別に頭がよいのですが、全然野心を持っていないようなのです。この三年間全然昇進していないのですよ。主人は劣等感やら不適応感を持っているのだと思います」と。

今まで彼女が口で言っても駄目だったのだから、それはやめて、代わりに言葉を使わないでやる方法を実行するように、私は彼女にすすめました。彼女はそれを次のように成しとげたのです。一日三回、各回約三分か四分間、次のことを肯定したのです。彼女は、夫が自分の肯定することを潜在意識的に受けとり、その潜在意識のおかげで、どうしても自分の潜在しているタレントや能力を発揮せずにはいられなくだろうということを理解して、こうしたのでした。

「私の夫はすばらしい成功者です。彼は絶対的に卓越しております。彼の内にある無限なる者は全知にして全能です。私の夫は次から次へと栄光を得ます。彼は成功と昇進の階段を昇っています。彼の真の才能が示され、それが認められます。彼は神の手によって導かれ、彼の成功は今実現するのです。私は感謝します。というのは、私は自分が念ずることは、彼の内なる神の贈物をふるい立たせることを知っているからです。」

三ヵ月たたないうちに、彼は助教授に昇進しました。彼はまたある大会社のコンサルタントになり、収入は三倍になりました。彼は今、奥さんが経済的成功を含めて、彼の成功のために確信したことを実現しているのです。

◆自己信頼心を築くための黙想

「私の問題に対する解答は、私の内にある神なる自己にあるということを知っております。私は今、静かに、沈黙してくつろぎます。私は安らいでおります。私は神は平和において語り、混乱においては語らないことを知っております。私は今、無限なる者と合致しております。無限なる知性が私に完全なる解答を示そうとしていることを私は知り、かつ絶対的に信じております。私は自分の問題の解決について考えます。私は今、問題がすべて解決してしまった時のような気分で生活しております。私はほんとうにこのゆるがない信頼と信念をもって生活しておりますが、これこそ解決の気分です。これこそ私の内に働いている神の精神です。この精神は全能です。それは自己を示しているのです。私の全存在がその解決を喜びます。私は嬉しい気持ちです。私は常にこの気持ちで生活し、感謝します。」

「私は神が解答を持っていることを知っております。神にとってはいかなることも可能なのです。神とは私の内にある全能の生ける精神であります。彼こそ、すべての知恵と啓発の源です。」

「私の内なる神の精神を示すものは平和感と安定感です。私は今、いっさいの圧迫感や努力感を捨てます。私は力なる神を絶対的に信じます。私が栄光に満ち、成功に満ちた人生をおくるのに必要な知恵と力はすべて私の中にあるのだということを知っております。私は自分の身体全体をくつろがせます。私は彼の知恵を信じます。私は自由になって歩みます。神の平和が私の頭と心と全存在にあふれてくることを念じ、またそれを感じます。私は静かな心が問題を解くことを知っています。私は精神なる神は解答を持っていることを知っているので、今それに要求を引き渡します。私は安らいでいます。」

本章の要約──記憶してください

(1)「あなた自身を信頼しなさい。どの心もその鉄線に合わせて震動するのです。絶対的に信頼する価値あるものがあなたの心に宿っているのです」とエマソンは言いました。神があなたの中に住み、あなたの中にいて歩み、かつ語り、あなたの考えに応じてくれるのだということを知ることは、絶対にやり損うことのない者に対する信頼と信仰をあなたに与えます。

(2)あなたの中にある力なる神は全能であることを知ることによって、あなたは自己信頼を築きます。全能にさからうものは何もなく、それに挑戦するものも何一つありません。そしてあなたの考えが神の考えでありますから、あなたがよいことを考えている時、神の力がそれと共にあります。神はあなたを愛し、あなたの面倒を見てくださるのだということを実感してください。そうすればいっさいの不安感や恐怖感は消え去ります。

(3)あなたがある地位から解職された時、落胆したり、腹を立てたりしないで、あなたの内にある精神なる神が、あなたの自己実現の新しいドアを神の秩序に従って開いてくださるのだと悟りなさい。そうすればあなたは祈りが叶えられるという喜びを体験するでしょう。

(4)あなたの信頼を、すべての祝福の源たる神に置きなさい。あなたがそれに呼びかけると答がやってきます。「神の富は私の人生を循環し、神が私を導いているのだ」と念じなさい。誰かある人に対する反感が存在するならば、その人を放してやって、あらゆる人生の祝福をその人のために願ってやりなさい。あなたの頭と心を神の愛で満たすと、すべての腹立ちや反感は解消され、あなたのよきものが、あなたに向かって流れてきます。

（5）眠りにつく前に、繁栄や成功や富についての考えを、あなたの潜在意識に送りこむことを実践してください。あなたがこれを習慣にしますと、あなたは自分の人生の中に富と成功の型を作り上げたことになります。そうすると潜在意識の力は強制力がありますから、気がついてみたらあらゆる面において神の富を表現せざるをえなくなっていたということになるでしょう。見えざる諸力があなたの永遠の利益に仕えるために馳せ参じてくることがおわかりになるでしょう。

（6）あなた自身を承認なさい。あなたは無限なる者の子であり、人生のあらゆる富を相続すべき人です。あなたの自己は神です。あなたの内にある精神なる神を尊び、かつ賛美してください。あなたの内にある精神なる神と提携することを知り、信じ、かつ実践してください。そしてそれはあなたに応えてくれ、一生を通じてあなたの世話をしてくれるのだということを知ってください。この変化しつつある世の中にあっても、あなたは富と平和を体験なさるでしょう。

（7）神があなたの父であり、あなたを愛し世話をしてくださるのだということをよく考えていますと、いっさいの劣等感は消え去ります。自分自身の品位を落したり、けがをしたりしそうな時はいつでも、「私は自分の真中にある神をたたえます」と断言してください。これを習慣にしますと、自己嫌悪感や劣等感はすべて消滅します。あなたがこのテクニックを実践するにつれて、神はあなたを通じて流れてきて、あなたの人生の空《から》の杯をすべて満たしてくださるでしょう。

（8）他人の美点や、力や、才能や、能力をほめると、そのほめられた人は危機にうまく対処し、また自分の内なる神の贈物を実際に発揮するようになることに、あなたは気づかれるでしょう。称賛は奇跡を起こす力です。これを実践してください。

（9）もしあなたが結婚しているならば、無言の称賛の富を、あなたのご主人、あるいは奥さんに渡すことができます。心の中には時間も空間もありません。ですからあなたが感情と理解をこめて、あなたの配偶者が大成功者であり、神によって導かれ、神によって自己実現せしめられ、あらゆる面で神によって繁栄せしめられるのだということを念ずると、あなたの信念はあなたの配偶者に潜在意識的に伝えられ、あなたの信念はその相手によって実現されるのです。あなたの念ずることは実現します。聖パウロはこう言っております。「それで私は、自分の内にある神の贈物を発揮することをあなたに思い出させるのである」と。

（10）本章の終りにある「黙想」を利用して、自己信頼から生ずる平和と静けさに到達してください。

第17章　治癒力ある精神に呼びかけて自分の欲する富を授かる法

一つの普遍的な治癒力があります。それは土壌にも、猫にも、犬にも、木にもあります。それにはいろいろの呼び名があって、無限の治癒する精神とか、神とか、アラーとか、一なる魂とか、神の摂理とか、大自然とか、生命原理とか、そのほかいろいろに呼ばれております。この無限の治癒する精神を意識することを、普通の人は時間という闇の中でなくしております。古代の神殿には、「医者は傷の手当てをし、神が患者を癒す」という文字が書かれておりました。

この驚くべく治癒力は、あなた自身の潜在意識の中に宿っているのですが、この潜在意識こそあなたの肉体を作ったものなのです。この治癒する力は病める経済状態をも、壊れた家庭をも、病気に冒されている肉体をも、夫婦間の不和をも、情緒の乱れをも、その他あらゆる種類のトラブルをも癒すのです。あなたが若かった時、この治癒力ある精神があなたの火傷、切り傷、擦り傷、打撲、捻挫などをいかによく治してくれたかを記憶しておられることと思います。そしておそらく、あなたも若い時は、この私と同じく、マーキュロクロームや安息香チンキやヨードチンキのような局所薬などのお世話にならなくても治ったことだと思います。

治癒力ある精神の富を用いた女性

デパートで働いていて、自分自身の生計を立てている若い女性が、非常に素敵な青年と婚約しました。しかし彼は宗教が違っておりました。それで、専横で独占欲の強い彼女の母は、ありとあらゆる手段を用いて娘の恋愛関係をこわそうとしたのです。そして人前でもその青年を「外人」とか「異教徒」と呼んで侮辱し、自分の娘には釣り合わないなどということさえもしたのです。この母親は娘のすぐれた判断に反対して、ほんとうにむりやりにでも婚約解消の決心をさせようとしていたのでした。

この若い女性は、母親の干渉や勝手なやり方に深く反発を感じました。しかし彼女はその敵意と反感を抑圧したのです。結局彼女は神経衰弱になって、何週間か入院しました。彼女は鎮静剤を投与されていたのですが、その薬の効き目が切れてくると、敵意と抑圧された憤りに冒された心はやはりもとのままなのでした。

私は彼女を病院に訪ねて次のように説明してやりました。「あなたは大人なのですから、自分自身の決断を下すべきです。他の何人によってもそれを左右されることは拒絶しなければなりません。愛にとっては信条の違いも、人種の違いも、皮膚の色の違いもありません。というのは、愛はすべてのこうした相違を超越するからです。あなたが決断を下して、あなたが愛するその理想の男性と結婚すれば、すぐに治癒が起こります」と。私はその青年にも彼女を見舞ってやるようにすすめたところ、彼はそうしました。二人は例の母親が何を言おうと言うまいと、そんなことには関係なく結婚することに同意しました。

私がその結婚式の司祭をしました。そして彼女は今、すばらしい心の自由感と平和感を持っております。その結婚式の後に、彼女の母親に、自分はもう結婚をすませてヨーロッパに行くところだ、という電話をしたのでした。母親は怒りましたが、娘はこう言いました。「お母さん、私はあなたを神に解き放してしまったのです。もうあれこれ指図は受けません。もう私の心をいじってもらいたくありません。さようなら。神のお恵みがありますように。今から私はいと・・・高きものから導きを受けます。そしてその愛によって、快適で平和な道へと、私は導かれてゆくのです」と。

最近私はこの若い女性から葉書をもらいました。それによると彼女は今、アルゼンチンに住んでいます。彼女の夫は広大な牧場を相続し、二人はとても幸福で、人生の富を体験しております。彼女の母は後になって私に忠告を求めてきました。そして今では、娘との関係もすばらしいものになっております。愛はすばらしい配当を支払ってくれるものです。

自由の治癒力を用いた老婦人

ある老婦人が私のところに相談に見えられましたが、自分の息子についてひどく心配しているとのことでした。息子夫婦は喧嘩ばかりしていて、子供もちゃんと育てられてはいないと言うのです。私は彼女に息子の年を尋ねますと五十五歳だと言うのです。彼女はまた、息子がよく行くバーでつき合っている仲間についても心配しておりました。

私は彼女に説明してやりました。「あなたはけっして息子夫婦の問題に干渉してはいけません。また、あなたがやってもらいたいことを息子はやってくれるべきだとか、あなたがそうするべきだと考えるようにあなたの息子もするべきだとか、あなたが信ずべきだと考えるようにあなたの息子も信ずべきだと考えることは、今すぐおやめにならないといけません。息子さんを解放してあげなさい。自由にしておあげなさい。そして自分の気持ちを整理して、安らかな気持ちになられるよう、おすすめします」と。

私は次のような祈りを彼女に書いてあげました。「私は息子とその妻と子供たちを、完全に、すっかり神に捧げます。私は解放し、手放してやります。息子は神の子であり、神は彼を愛し、彼とその家族の世話をしてくださることを知っていますので、私は息子に自己流に自分自身の生活を送る自由を与えてやります。私は息子を解放し、精神的にも感情的にも彼を自由にしてやります。息子やその妻や家族が私の心に浮んできた時はいつでも、直ちにこう断言してやります。『私はあなたを解放してあげたのだ。神と共にありますように。私は今自由だし、あなたも自由です』と。これは私の生命の中で働いている神であって、これは調和と平和と適切な行為を意味するのです。」

彼女はこの祈念療法を忠実に実行しました。そしてそれまで知らなかったような内なる平和感とやすらぎを見出したのでした。彼女は単純な真理を発見したのです。すなわち、他人を自由にしてやり、神の指導と指示にむけて解き放ってやることは、自分自身を自由にすることだという真理を。

あなたの愛する者や友人の中にある神性をたたえなさい。そして彼らには自分の目的を作ってくれる神性を自分で発見させなさい。けっして彼らにあなたの意志や、あなたの先入観的意見や信念を押しつけようとしてはいけません。他の人が成功しようと失敗しようと、やるようにさせておきなさい。もしその人が失敗したとしても、それがその人の人生の転機になるかもしれないのです。つまり失敗によってその人は、自分自身の内側の深い所にあって、けっして失敗することのない力、すなわち、ほほえみながらゆったりとやすらっている無限なる者を発見するからです。このようにしてあなたは自由の富を発見するのです。

神に「引き渡す」ことの富を発見したビジネスマン

情緒的に打ちくだかれ、すっかり取り乱したビジネスマンが私に相談に来て、「妻を取りもどすのに使う祈りが欲しい」と言うのです。彼は別の州で奥さんから離婚されたのでした。二人は二十年間も結婚していたのです。彼が言うには、ある晩、家に帰ってみたらメモがあって、それには「離婚してもらうために家出します」と書いてあったとのことでした。彼女はそれ以外には何も説明しておりませんでしたので、どこへ行ったのか彼には全然見当がつきませんでした。この男が、心の中で無理やり奥さんを自分のもとに帰らせようと欲していることは明らかでした。

私は彼にこう説明してあげました。「いかなる方法によってであれ、他人に自分の命令どおりの事をするように強いたり、精神的に強要したり、影響を与えようと試みることは非常に間違っています。あなたを欲しない女性を、あなたは欲すべきではありません。あなたは奥さんに、自分で自分の決心をする権利を与えるべきです。そして一方のための神的導きは、相手にとっても導きになるのです。奥さんが何の理由も言わないで、突然家出をなさったとおっしゃいますが、それはほんとうであるはずがありません。奥さんは家出をしてどこかよそで生活することを長い間考えておられたに違いありません。そして、とうとう彼女のイメージが潜在意識に入りこんだのです。すると潜在意識の性質は強制的なものですから、彼女に荷物をまとめて家出させてしまったのです。しかし奥さんは、精神的にはとっくの昔に家出していたんですよ」と。

それから私は彼に次のような一種の祈りを与え、これに従うようにと言いました。「私は妻を完全に神に引き渡します。無限の知性がすべての面において彼女を導き案内してくれることを私は知っております。神的な適切な行為が絶対的に支配しております。彼女にとって適切な行為は、私にとっても適切な行為であることを私は知っております。私は彼女に完全なる自由を与えます。というのは、愛は自由にし、愛は与え、愛は神の精神であることを私は知っているからです。われわれ二人の間には調和と、平和と、理解があります。私は彼女のために人生のすべての祝福を祈願してやります。私は彼女を解き放ち、望むところへ行かしてやります。」

この男と話しているうちに私が発見したことは、彼は非常なやきもち焼きで、非常に独占欲が強くて、威張り屋で、奥さんに家の内のことだけをさせておこうとしていたということでした。奥さんはこのように支配されることに反発して家出したことは疑いもありませんでした。

そしてかなり長い間、彼女は精神的にはほかのところに住んでいたのです。肉体はあるところにいながら、想像の中で心が別の所にいる時は、結局、想像の中で見た所に行かざるをえなくなるものです。もし結婚している人が、抑圧された怒りや憤懣を持っている時には、結果としては姦通するようになるか、病気になるか、あるいはいろいろな種類の心の異常状態になるかです。愛は独占欲のことではありません。愛はやきもちのことではありません。愛は支配するものでも、強制するものでもありません。あなたがある人を愛する時には、その人が幸福で、楽しく、自由でいるのを見ることを愛するものなのです。愛は自由です。

この人は私の言うことに注意深く耳を傾けました。すべてを理解することはすべてを許すことです。彼はこの祈念療法を実践しました。そして一ヵ月経った時、彼の妻はメキシコから手紙をよこしました。彼女はメキシコで離婚の手続きをしていたのです。彼女はその後、南米から来た男と結婚して、非常に幸福そうです。彼女は彼に非常にやさしい手紙を書き、なぜ家出をしたのか理由も述べてありましたが、それはここに述べてきたことと一致しておりました。

無限の知性は全知です。ですから、あなたが導きと適切な行為を求めて祈る時も、無限なる者に何をなすべきかなど告げる必要はないのです。例の男はこの問題についてはすっかり心がやすらぎ、神の配慮による同伴者を求めました。彼はそのうち、私の講演会で出会った若い女性と結婚しました。この二人は完全にうまく調和しております。彼はすっかり別人になりました。彼は例の出来事を適切に扱ったのです。それで愛の法則は彼に平和と、落ち着きと、立派な妻を与えたのでした。愛とは、健康と、幸福と、繁栄と、心の平和の法則の実現なのであります。

治癒する精神の富によって二十五万ドルを受け取った看護婦の話

メキシコ・シティに行く飛行機の中で、私のそばに正規の看護婦さんがすわっておりました。そして私たちは話し出しました。彼女はニューヨークの出身であり、メキシコのある病院に招かれて教えに行くところだとのことでした。彼女が結婚して五年経ったある日のこと、彼女の夫が、別の女に惚れたから別れてくれと言ったというのです。彼女は私に次のような話をしました。「私は夫に言ってあげたのです。『あなたは風のように自由なんですよ。私はあなたに幸福になってもらいたいと思います』と。私はニューヨークのある哲学的な教会に通っております。そして愛は常に自由にするものであることを知っております。私が怒ったり恨んだりしないので夫は驚きました。それで私は夫に、愛はけっして独占的なものでないこと、愛は他人に幸福になってもらうものであることを説明してから、私は『あなたを自由にしてあげることによって、私も自由になるのです』と言いました。」

彼女の夫は離婚してその別の女と結婚しました。ところがその女は一年も経たないうちに死んだのです。そして更に一年経ったら彼女の夫も狭心症で死にました。彼女の夫はその全財産をこの看護婦さんに残してくれたのですが、それは全部で二十五万ドルにものぼりました。彼女は夫を自由にし、彼のために人生のすべての祝福を祈ってやったのでした。そして彼女の愛と善意は、何万倍もになって自分のところにもどってきたのでした。

ある管理者はどうして昇進したか

私はサンディエゴで何回か講演をしたのですが、その時、ある中間管理職の人と話をしました。彼が打ち明けて言うには、彼はこの四年間ずっと昇進を見送られているのに、他の中間管理職の人は昇進しているので、これは不公平だと思うというのでした。彼と話をしているうちにわかったことは、彼はほんとうは昇進を見送られていることを予期していたということでした。そして昔のヨブのごとく、「大いに恐れていたことが私の上に起こった」（ヨブ記　三・二五）のでした。

彼は昇進も降職も自分自身の心の中に起こるのであり、実際は、自分が自分にすべてのものを与えるのであるということを学びました。彼の上役は、彼は自分を自分でどう考えているかということを証明したにすぎないのです。人の信念というのは、それについて意識的に考えていようといまいと、常に実現するものなのです。

私のすすめで彼は自分の精神的態度を変え、規則的に、また法則的に次のように肯定し始めました。「昇進は私のものである。成功は私のものである。富は私のものである。神的な適切な行為は私のものである」と。このような真理を念ずるにつれて、彼は自分の潜在意識の中にひそんでいる潜在能力を活性化したのです。そして潜在意識の法則は強制的ですので、三ヵ月の後には彼は主席管理者になり、同時に収入も三倍になったのです。彼は自分の間違った信念を癒されたのです。彼は私に電話をかけてよこして、「あれはほんとうですよ。私は自分で自分を昇進させたのです」と言いました。

癒す精神の富は、会社の全員のために働いた

サンディエゴのロイヤル・イン・ホテルは、いろいろな国からやってきた船でいっぱいの美しい港を見下せる場所に建っていますが、私はここで面接のために一日をとりました。この時にお会いした中で最も面白かった例は、ある若い才能のある女性の場合です。彼女は他の二十人の女性と共にある会社で働いていたのですが、そのうちの大部分の人たちが会社の経営者に批判的であり、ひどく不満で不平たらたらでした。コーヒー・ブレイク（訳者注・勤務時間中の十分前後の小休息の時間）の時の話も、大ていは夫の悪口とか、病気の話とか、自分たちの低賃金の話とか、消極的なことばかりでした。彼女が私に言うには、自分は今の仕事が好きだし、給料にも満足しているし、上役は非常に親切で、まじめで、とても理解があるというのです。しかし自分の周囲の消極的な考え方の爆撃に絶えずさらされているので、一日が終った時は、気が沈んで憂鬱になるとのことでした。

私のすすめにしたがって彼女は、会社の女性たち二十人の名前を書きつけ、朝晩、その人たちのために次のように祈りました。「これらの女性のことすべてを神的精神は知っております。彼女らは本来いるべき所にいて、自分たちの好きなことをしており、神の手によって幸福で、神の手によって繁栄せしめられております。神は彼女らを通じて考え、語り、行動します。彼女らはそれぞれ自分の真の価値を意識しており、精神的、物質的富を今、体験しております。

私は彼女らを解放して自由にしてやります。そして彼女らの誰かが、何か消極的なことを言うのを聞いたらいつでも、私はただちに、『神はあなたを愛し、あなたの面倒をみてくれます』と断言します。」

それから三週間ぐらいのうちに、そこの女性たちの多くの者はそこをやめて、もっとよい職につき、あるものは結婚し、またある者はそこの会社の中のもっと給料の高い職場に配置転換になり、またある人は副社長と結婚し、私のところに相談に来た例の女性は、その会社の若き社長と結婚したのです。最初の二十人の女性たちのすべてが祝福され、今度彼女のところに入ってきた新しいメンバーたちは、建設的な考え方の人たちであり、「心の科学」を学んでいる人たちでした。他人を祝福することによって、その人たちの幸福を増すばかりでなく、それは圧縮され、まとめられ、溢れるばかりに自分自身のところにもどってくるものであることを彼女は発見したのです。

新しい正常な生活に娘を解放してやるという富を発見した親の話

一人の娘を持った両親が例のサンディエゴのロイヤル・イン・ホテルに私を訪ねてきました。この二人は娘のことでひどく興奮し、感情的にもすっかりとりみだしておりました。というのは、その娘が突然東部にある大学を退学して、「ヒッピーども」とこの両親が呼んでいた青年たち何人かといっしょにハワイに行ってしまったのです。彼女はマウイ島から手紙をよこしたのですが、それによると彼女はほかの人といっしょに浜で眠り、その生活が気に入っていると言うのです。彼女は普通便の郵便為替を送ってくれるようにと要求してきたので、この両親は怒り、ひどく腹を立てたのです。そして父親は「十セントだってやるものか」と言いました。

私がこの両親に与えた忠告は、だいたい次のようなものでした。「あなたの娘さんは二十一歳です。彼女は成人であり、親からの指図なしに自分で自分の生活をやって働くべきです。また、ほかの人の怠慢や怠惰や無気力や無精にお金をみついでやることは、道徳的にも倫理的にも精神的にも間違っていることです。というのは、そんなことをしてやれば怠け者は人をあてにする物乞《ものご》いになってしまうからです。そのうえ、あまりしばしば、またあまり簡単に経済的な援助を与えてやると、その人から自己推進力や動機や創意性をうばうことになります。」

この親たちは、心の法則を正しく使いさえすれば、無限の癒す精神が、自分たちの娘を適切な方法で面倒をみてくれるのだということを理解して、娘を完全に解き放ってやることに同意しました。

この親たちのために私がざっと書いてあげた祈念療法のテクニックは次のようなものでした。「私は娘を完全に神に向かって解放してやります。私の娘は神の娘であり、神は彼女を愛し、彼女の世話をしてくださいます。神は彼女を導いてくれています。そして神の法と秩序が彼女の全生活を支配しております。わたしたちが娘のことを思い出した時はいつでもすぐに、『神は汝を見張り給い、神は汝の世話をし給う』と断言します。」

六週間たちましたが、その娘からは何の便りもありませんでしたし、お金は送ってやりませんでした。この親たちは、この章で述べたような祈りを、朝夕、娘のために唱えただけでした。

七週間目に娘から便りが来ました。それによると彼女は、夜はホテルでウェイトレスの仕事をしているが、ハワイ大学に入学して、卒業するつもりであるとのことでした。彼女は東部の大学を勝手に退学し、わがままを通したことのお詫びを述べ、「許してください」と書いてありました。

彼女の両親は私に電話をよこし、これから娘に会いにハワイへ行くところだと言いました。そこで幸せな親と娘の再会があったのです。この親たちは、全知にしてすべてを見るかの無限なる者の手に、娘をあずけてしまうという富を発見したのでした。その方法は快適であり、その道は平和です。

◆治癒の原理を利用するための黙想

「『われはあなたを健康に復せしめ、あなたの傷を癒すであろう、と主は言われた。』私の内なる神は無限の可能性を持っております。神にとっては、何事も可能であることを私は知っております。私はこれを信じ、今、心の底からこの事を受け入れます。私の内なる力なる神は闇を光とし、曲れるものを直《なお》くすることを知っております。神は私の内に住み給うということを観想することによって、私の意識は今や高められております。」

「心と身体と心配事を癒すために、私は『父なる神が、その仕事をなすのだ』という言葉を言います。私は自分の内なるこの原理が、私の信念と信頼に応じてくれることを知っております。私は今、自分の内なる生命と、愛と、真理と、美に接触しております。私は今、自分の内なる愛と生命の無限の原理と一体になっております。調和と健康と平和が、今や私の体の中で表現されていることを私は知っております。」

「完全なる健康はわが物であると考えて生き、動き、活動しているうちに、それはほんとうのものになります。私は今、ほんとうに自分の身体が完全であることを想像し、またそれを感じております。私は平和感と幸福感で満たされております。父なる神に感謝します。」

本章の要約――記憶してください

(1) 無限なる治癒する精神はどこにでも存在しております。この治癒する精神はあなたが指を切った時も治してくれますし、また火傷をした時も水ぶくれを小さくして皮膚を正常な状態にもどしてくれるのです。これはまた、結婚生活の問題も、経済的な問題も癒してくれるのです、それはあらゆる問題に対する解決です。

(2) 両親は娘や息子はどんな配偶者を選ぶかについて、けっして干渉してはいけません。娘でも息子でも、自由に自分の決断を下すべきです。両親たちは、無限の知性が自分たちの子供を導き、指図してくださるのであり、神の適切な行為が常に行なわれるのだと悟って、自分の子供を神に解き放ってやりさえすればよいのです。

(3) 結婚した息子や娘を、あなたの考え方や、やり方や、信じ方に同調させようとするのは愚かです。人生のすべての祝福を祈ってあげながら、あなたの子供を神に解放してあげなさい。解き放ち、自由にしてやりなさい。異議なきところに苦悩はありません。可愛い子供のことを思い浮かべた時はいつも、「私はお前を解き放ってやったのだ。神がおまえと共にありますように」と断言しなさい。こうする時、あなたは自分自身を自由にしているのです。

（4）もしあなたの奥さんが荷物をまとめて家出をするなら、それが奥さんの決断であったということです。夫が無理やり奥さんをもどらせたり、精神的にそれを強制することは間違っています。夫のほうは無限の知性がすべての点で奥さんを導き、指図してくれているのだと悟ったうえで、精神の法則を使わなければなりません。そして自分の奥さんにとって神の導きであったものは、同時に自分にとっても導きであり、世界中の誰にとっても導きであることを知るべきです。神の適切な行ないはどこにでも働いているということを悟って、奥さんには神の自由を与えてあげなさい。そうすると何が起こっても、それはみんなの祝福になります。愛とは独占欲のことではありません。愛は自由にするものです。愛は与えるものです。それは神の精神です。

（5）愛は常に自由にします。愛は独占欲のことではありません。あなたが自分の配偶者を愛する時、あなたは相手が幸福で、楽しく、自由であるのを見ることを愛するわけなのです。あなたは相手があるべき姿にあるのを見ることを愛するのです。もしあなたの配偶者が、別の相手と恋狂いをしたならば、彼（あるいは彼女）を解き放ってやり、人生のすべての祝福をその人のために祈ってやりなさい。愛は自由にします。

（6）あなたが昇進や出世からもれることを期待していますと、潜在意識はその信念を要求として受け入れ、あなたが昇進からもれるように取り計らってしまうのだということがわかるでしょう。あなたを昇進させるのは他の人でなく自分なのです。というのはあなたの信念のごとくあなたになされるからです。昇進はあなた自身の心の中に起こるのです。規則的にこう肯定してください。「昇進は私のものだ、成功は私のものだ、富は私のものだ、適切な行為は私のものだ」と。この真理を唱えながら眠りについてください。そうすればあなたの潜在意識は反応し、いやでも応でもあなたを昇進させ、あらゆる面で繁栄させてくれます。

（7）会社の中の他の人たちが消極的なことを話して、自分たちの苦痛や病気やトラブルを数え上げている時には、その人たちすべてを神に捧げなさい。そして神はこの人たちを通じて考え、語り、行為するのであり、この人たちは神によって人生における真の自己実現に導かれるのであると悟りなさい。別の言葉で言えば、その人たちに愛と、平和と、善意を放射しなさい。そうすればあなたは祈りの奇跡を始動させることになります。その人たちも祝福され、あなたも祝福されるでしょう。他の人の中の神をたたえることによって、あなたは自分にも無数の祝福をもたらすのであることを発見なさることでしょう。

（8）あなたの娘が年頃になったら、彼女を解き放ち、自由にしてやりなさい。神は彼女を導いているのであり、彼女は神の保護を受けているのだと念じなさい。そしてあなたがいつでもこの祈りを忠実にやり続けていますと、あなたの娘はそれを潜在意識的に吸収し、神の手に導かれて適切なことをやるようになるのです。忍耐強く、あなたの内なる無限の知性を信頼し、自分の心の中でああでもない、こうでもないということのないようにしてください。無限の知性はすべてを知り、すべてを見ているのです。あなたにとって必要なのは、信頼することと、信ずることです。そうすればあなたの信ずるがごとくにあなたになされます。

(9) この章の終りにある「黙想」を利用して、あなたの日常生活において、治癒する精神の驚くべき利益を享受してください。

第18章　富を流れさせるために精神魔術を用いる方法

数週間前、私はワシントンの近くのエアリーで開催された宗教的会合に出席して、「変わることのない法則」という題で話をしました。そこにいた五日の間に私は、非常な成功者で、たいへんな大金持ちの人と長い間話しました。この人は私に健康と富と大成功の秘訣を語ってくれたのですが、それはその人の言葉で言えば、「静かな心」を開発したことによるというのです。

彼はポケットにカードを持っていたのですが、そこには次のような真理が書かれてありました。「すぐれた人は常に静かで落着いている」（孔子）（訳者注・君子ハ坦《タイラカ》ニシテ蕩蕩《トウトウ》タリ――論語・述而第七のことらしい）。「静かさと自信の中にあなたの強さがあるだろう」（イザヤ書　三〇・一五）。「怒るに遅い人は強い人よりもよい。また自分の心を支配する人は都市を占領する者よりもよい」（箴言　一六・三二）。「あなたの神なる主は、あなたの作り出すものすべて、あなたの手の仕事すべてにおいてあなたを祝福なさるのでありますから、あなたはきっと喜ぶことでしょう」（申命記　一六・一五）。「主がその家を建てるのでなければ、その家を建てる人たちの労働は無駄である」（詩篇　一二七・一）。

以上の言葉はすべて、あなたの強さ、成功、力、富といったものは、静けさから、内なる静寂な平和から、生命の法則と潜在意識の応答に対する信頼から生ずるものであることを示しております。

この金持ちはどのようにこの真理を利用したか

この人の言うところによると、どんな日も毎朝、彼は自分の心を前に引用した真理に沈潜させ、その言葉をゆっくりと、静かに、愛着をこめて繰り返します。そしてこの真理が自分の潜在意識に刻印されるにつれて、自分はどうしても成功、健康、活力、新しい創造的アイデアを発現せざるをえなくなるのだということを実感します。彼は四つの大会社を建て、いろんな分野の実業家の相談相手となっています。彼は世界中を旅行しております。

彼は黙想カードを持っていて、これをただで人に上げているのですが、その一枚を私に示しながら、こう言いました。「私は三十年前、ヨーロッパに行く船の上である人に会ったのですが、その人は聖書からいくつかの建設的な言葉、神と神の法則の永久の真理を示す言葉をとってくるならば、心は至高の精神に停泊したことになり、この至高の精神は呼びかけさえすれば応答してくれるのだということを私に説明してくれたのです」と。

彼が富を得た秘訣のすべては、彼が次のことを知っていたことに尽きます。すなわち、上に引用した聖書からの言葉を規則的に、法則的に、反覆的に黙想することによって、潜在意識の深みにひそんでいる能力が活性化され、自分はいやでも応でも前進し、向上し、神のほうに向かわざるをえなくなるのだ、ということを知っていたのです。

沈黙の富を発見した実業家

カーライル（訳者注・十九世紀のスコットランドの思想家で明治の日本の思想界にも大きな影響があった）は言っております。「沈黙は偉大なるものが自然に形成される固有の環境である」と。エマソンもこう言っております。「神のささやきが聞こえるように沈黙しよう」と。

あるすぐれた実業家は私に向かって、「私の場合、成功した仕事の決断は、朝の五分間の沈黙の時間のおかげです」と語りました。彼は自分の注意力と感覚器官の知覚を、外界から引っ込めてしまい、身体を静かにし、目を閉じ、無限の知性は自分の中にあるのだという偉大な真理について観想します。沈黙しながら、神が自分を導いてくれていること、新しい、創造的なアイデアが自分に与えられるということ、神的精神がその日のいろいろな会議や商談を支配するということ、神は自分を通じて考え、語り、行動するのだということ、自分の内なる至高の英知が適切な言葉を自分に与えてくれるのだということ、自分の会社のために下す決断のすべては適切な行動に基づいており、すべての人に恩恵を与えるのだということを肯定しました。

それから彼は、自分で「超越的瞑想」と呼んでいる黙想を約五分間やるのですが、これは単に自分の全存在を神の平和の河が貫流していることを想像するだけのことなのです。しばしば、この静かな時間に、彼と彼の他の仲間たちが何回も苦労して考え悩んできたさしせまった仕事の上の問題や人事の問題に対して、その解決策がポンと頭の中に浮かび上がってくるのです。

「解答を得る」方法

「ある問題に対する解決を得るための世にも手っとり早い方法は、その要請を静けさの中心に送りこんで、解答が浮かび上がってくるのを確信することだということを発見しましたよ」と彼は言っております。その解答は数日後に来ることもありますし、ひょっとしたら一週間後に来ることもありましょうが、しばしば一時間以内に来ます。しかしその解答は、いつも何かほかのことを一生懸命やっている時に来るのです。どうも彼の潜在意識は、すべての必要な材料を集めて、それから適切な時に、すっかり明らかになった形で、意識し思考する顕在意識に提示するらしいのです。潜在意識から浮かび上がってきたアイデアの中には、ちょっとした一財産に値するものもいくつかありました。彼の静かな時間から浮かび出てきた最近のアイデアの中の一つは、二十万ドル以上の価値がありました。

結婚問題についてのすばらしい解答を「静かな時間」に受け取った女性の話

私たちは毎日曜を「静かな時間」で始めることにしております。これは沈黙するようにわざわざ決めた時間で、この時には、解答のみしか知らない自分の内なるより高い自己にいろいろな問題を持ちこまないで、その解答、解決、創造的なアイデア、潜在意識から湧き上がってくる妙案について観想するようにと全員が指示されております。参加者全員の全生涯を根底から変えることができ、また変えるような創造的解答が各人の潜在意識にあることを私は指摘します。

先週の日曜日、ある女性が私にこう言いました。「全く突然、私が結婚しようとしている男性のいる光景が私の心の目に見えたのです。彼は奥さんと二人の子供といっしょでした。直観的に私はその女性が彼の妻だとわかったのです。私は疑っており、結婚もためらっていたのです。私は解答を得たのです。私は正しい解答を得たのです。それでウィルシャ・エベル劇場（訳者注・ここで毎日曜マーフィー博士の会合がある）の沈黙の時間に私が体験したことを、あとで私の相手の男に話しますと、彼はまだ離婚しておらず、私の金が目あてで私と結婚しようとしていたのだということを認めました。」

この二人は平和に別れました。彼女はその男に私の著書を与えて、それを読むようにと言いました。彼が後になって彼女に言ったところによりますと、この本のために彼の全人生が変わったとのことです。

静かな心は破壊的な批判を解消させる

多数の女子従業員を抱えている部門の管理者をしているある若い女性は、私にこう言いました。「私はずいぶんたくさんの批判や中傷を受けるのですが、それらすべてを、聖書の指示に従って、平静な気持ちで受けとめております。その聖書の言葉は『彼（神）が静けさを与え給う時、誰がトラブルを起こすことができようか』（ヨブ記　三四・二九）というのです。私は自分の内にある精神なる神と一体になっており、誰も私を傷つけることはできないと実感しております。『神と共にある者は多数派である』と言いますから。私はまた、誰か同性の者が私を嫉妬し、悪口を言ったとしても、私を傷つけうるはずがないと悟っております。というのは他人のことを否定的に考えたり、悪口を言っても、それは暗示するものを創造する力がないということを私が知っているからです。それに私は自分の内なる力を他人に引き渡すことを拒絶するからです。私の考えには創造する力があります。私の考えは神の考えであり、神の力は私のよき事を考えている考えと共にあるからです。」

彼女は聡明な若い女性です。他人が自分についてどんな嘘を言いふらそうと、自分がその考えを精神的に受け入れない限り、傷つくことはないのだ、ということを彼女は知っているのです。他人があなたの悪口を言うのはあなたがそうしないからです。あなたの考えには創造する力があります。そしてあなたは自分の心の主人なのですから、他人にあなたの心を乱させたり、あなたの心を操縦させたりするようなことは断固として拒否しなければなりません。

古いドイツの諺に、「嘘はうんと遠くまでは行けない。足が短いのだから」というのがあります。

彼女の哲学は簡単なものですが、要領を得ています。すなわち彼女は「誰かほかの女性が私に批判の指を向けるとき、その人の他の三本の指はその当人を指しているのです」と言いました。彼女の哲学はこんなにも単純なものです。

静かな心の富が慢性不眠症患者に眠りをもたらした

ある女性実業家が、自分は非常に緊張して張りつめた気持ちでいるので、毎晩、眠りにつく前に睡眠薬を二錠飲まなければならないと言いましたので、私は彼女に次の処方を与えました。「ベッドに入ったら、あなたの身体に次のように話しかけてください。私の足の指はくつろいでいます。私のくるぶしはくつろいでいます。私の足首はくつろいでいます。私の足はくつろいでいます。私の腹筋はくつろいでいます。私の心臓と肺はくつろいでいます。私の背骨はくつろいでいます。私の手と腕はくつろいでいます。私の肩はくつろいでいます。私の頸はくつろいでいます。私の脳はくつろいでいます。私の目はくつろいでいます。私の顔面筋はくつろいでいます。私は今、神の平和の河が私を貫いて流れ、私の存在の各原子に浸透しているのを感じます。私は平和に眠り、喜びに目ざめます。」

彼女は肉体は思念の支配を受けるのだと悟って、右の単純な真理を毎晩、静かに繰り返しました。この訓練を一週間ばかりやりますと、彼女はもう不眠の悩みがなくなりました。彼女は聖書にある次の偉大な真理の意味を発見したのです。「今、彼（主なる神）と知り合いになって、平安になりなさい」（ヨブ記　二二・二一）。「あなたのすべての支配を神にゆだねれば、神はあなたの世話をしてくださいます」（ペテロ第一書簡　五・七）。

緊張して不安な気持ちでいた経営者が治癒力ある聖書の言葉の富を発見した

最近私が会った経営者は、私に向かってこう言いました。「私の問題は、何か決断をくださなければならない時にはいつも、極度に緊張し、不安になることです」と。それで私は、悩める心に平和をもたらす、いわば「精神的処方」を彼に与えました。そして「以下のような精神的真理を、静かに、感情と理解をこめて繰り返して働くならば、あなたの極度の緊張は次第に弱まってゆくでしょう」と彼に言いました。

「心をあなた（神）に置いている者を、あなたは完全なる平和の中に保ち給うであろう。というのはその者はあなたを信頼しているのですから」（イザヤ書　二六・三）。「静けさと自信の中にあなたの強さがあるであろう」（イザヤ書　三〇・一五）。「しかしわが神は、その栄光の富に従ってすべてのあなたの要求を満たし給うであろう」（ピリピ書　四・一九）。「今、彼と知り合いになって平安になりなさい。そうすればよいことがあなたに起こるでしょう」（ヨブ記　二二・二一）。「あなたのすべての心配事を神にゆだねれば、神はあなたの世話をしてくださいます」（ペテロ第一書簡　五・七）。「彼が静けさを与え給う時、誰が面倒を起こすことができましょうか」（ヨブ記　三四・二九）。

この経営者は、ここにあげた治癒力と治療力のある聖書からの文句を、一日数回、各回五分から十分ずつ使って肯定したのです。そして彼は落着きと、平和と、平穏と、心の制御法を発見しました。彼は平和こそ、神の中心部にある力であることを発見したのです。

静かな心の富で販売増加の秘密を発見したセールスマン

賢人として知られるローマの皇帝マルクス・アウレリウスは、「人の一生はその人の想像力の色によって染められる」と言っております。先日、私があるセールスマンと話していた時、その男は自分の販売成績のよくないのを批判しているセールス・マネジャーからの「お小言状《こごとじょう》」というのをひどく恐れ、心配しているということがわかりました。

私は彼に朝夕、詩篇第二十三章を読むようにすすめました。これは彼の心を静めてくれると思ったからです。私はまた彼に「あなたの想像力を建設的に使えば、そうする力をあなたはもっているのだから、あなたの人生が変わることでしょう」と忠告しました。想像力とはイメージを投射する技術であり、精神的イメージを植えつけることです。

このセールスマンは販売不振や失敗を今まで心のイメージに描いていたのですが、それをひっくり返しました。朝と晩、五分か十分間、詩篇二十三を声に出して読んでから、例のセールス・マネジャーが自分の前に立って、「すばらしい販売成績だね」と喜んでくれているところを想像しました。彼はセールス・マネジャーの握手をごく自然に実感するようになりました。彼ははっきりとその声を聞き、その微笑を見ました。「すばらしい売上げおめでとう。君は会社で上の地位に昇進するところだよ」とマネジャーが言ってくれる声を、何度も何度も聞きました。彼はこの心の中の映画を見ながら毎晩眠りに入っていったのです。

気がついてみると、販売成績は上昇しておりました。彼はまた「話し方」のコースも取りました。そして三ヵ月経ちますと、彼は地区マネジャーに昇進し、給料もコミッションもすばらしく増加しました。彼は会社のトップになる途中にいます。朝夕、静かな、受動的な、受容的な気分で、心の映画を繰り返すことによって、彼は昇進と出世のアイデアを潜在意識に植えつけたのです。すると彼の潜在意識は、そこに刻印された印象を完全に実現するための道を開いてくれたのです。

静かな理解の富が、壊れそうになった心を癒した

ある日、サンフランシスコから一人の男が私に会いに来ました。彼は極度に緊張しておりました。彼のかかった医者はそれを「不安ノイローゼ」と診断しておりました。不安ノイローゼというのは慢性的心配と極度の緊張の別の名前です。彼は経済的には非常に成功していて、大会社のセールス・マネジャーをしていました。彼は自分の会社の社長と副社長に非常に好かれておりました。

彼と話しているうちに、彼の悩みの種、つまりの真の理由がわかりました。彼の同級生の一人が競争会社のセールス・マネジャーをしていたのですが、それがその会社の社長の地位に昇進したのでした。彼は自分でも、その同級生を羨ましく思い、嫉妬していることを認めました。彼は心の中で彼と競争していたのです。彼は言いました。「あのね、その男は高校の時も大学の時も、何時でも俺をうち負かしたんだ。そのうえ、俺が愛していた女の子を取って、結婚したんだぜ」と。

私は彼に次のように説明してやりました。「人生にはほんとうの競争というのは一つしかありません。それは自分の心の中にある成功という考えと、失敗という考えの間の競争です。あなたは成功するために生まれてきたのであって、失敗するために生まれてきたのではありません。というのは、かの無限なる者は失敗することができないからです。ですから、あなたは自分の注意の焦点を成功に合わせればよいのです。そうすればあなたは潜在意識のすべての力は

あなたを支え、否応なしにあなたを成功させてしまうのです。というのは潜在意識の法則は強制的なものですから」と。

過去は死んだものであって、この瞬間以外に問題になるものはないのだということが、彼にもわかり始めました。彼が現在の考えを変え、しかも変えたままにしておくにつれて、彼を取り巻く全世界が、彼の考えているイメージにそっくり融けるように変わってくるだろうということがわかりはじめてきたのです。

私は更にこう説明を続けました。「嫉妬の考えを抱いていることは、実際には自分で自分を貧しくしていることなのです。これほど悪い心の態度はこの世にないのです。というのは、あなたの否定的な考え方や劣等感に、嫉妬やねたみが加わって、あなたの精神的、感情的生活をさんざんに荒らしまわっていたからです。そしてあなたの自己実現を、あらゆる面で邪魔していたからです。」

簡単な治療法

治療法は簡単なものでした。彼のもとの同級生は見たところ自分よりも成功し繁栄しているようだったので、彼に嫉妬心を起こさせたのでしたが、彼はこの男を祝福し、よりいっそうの繁栄と成功を心から祈ってやる決心をしたのです。その後、彼はしばしば次のように祈りました。「私は神が私にとって、即座の、また永遠の供給者であることを認めます。昇進は神の秩序に従って私のものです。成功は神の秩序に従って私のものです。神の富は、雪崩のごとく豊富に私のところに流れこんできます。そして私は毎日、よりよい仕事をするようにと神の手で導かれます。私は神が前の同級生を繁栄させていることを知り、信じ、それを喜びます。そして心から彼のために人生のすべての祝福を祈念します。彼が私の頭に浮んだ時はいつも、『神があなたのよきものを増加させてくださいます』と直ちに断言します。」

　数週間たって気がついてみますと、嫉妬心はすっかりその力をなくしていました。それで彼は自分の不安と極度の緊張は全く心の状態のためであることがわかりました。この若い男は最近専務取締役《エグゼクティブ・バイス・プレジデント》に昇進しましたが、疑いもなく社長になることでしょう。聖書にも「あなたが全能なる者に立ちかえるならば、あなたは地位を樹立するであろう」（ヨブ記二二・二三）と書いてあります。

　昇進、成功、富などで私たちのカンにさわったり、また嫉妬心を起こさせるような人でも祝福し、そういう人たちがいろんな方面で更に栄え、更に成功するように祈念しますと、そうすることによってわれわれの心の傷は癒され、無限なる者の富にドアが開かれることになるのです。あなたの心の豊かさの中から、あなたは称賛、愛、喜び、笑いなどの贈物を注ぎ出すことができます。あなたは周囲の人みんなに勇気と、信念と、自信の輸血を与えることができるのです。そしてあなたは、他人を祝福することによって自分もまた祝福され、いっさいの嫉妬心、劣等感、欠乏感が克服されるのを発見なさるでしょう。

静かなる心の富を発見した大学生

　医学部四年生の学生が私にこう言いました。「私は夜となく昼となく、影のような、浸み通るような不安や、失敗のおそれや、将来の心配につきまとわれているのです」と。ある試験の時は、彼の頭が空っぽになって、問題のうち少ししか答えることができなかったそうです。この青年の問題は不安と心配でした。彼は口述試験と筆記試験を恐れ、自分の潜在意識に心配の注文を出していたのです。彼はストレスを昂進させ、そのため頭が働かなくなったのです。

　私は彼に、毎晩眠りにつく前に、次の言葉をゆっくり静かに肯定するようにすすめました。「私はくつろいで、平和で平穏で静かです。私はいつ、どこにいても、常に知っている必要のあることについては、完全な記憶を持っております。私は勉強の面において神の手に導かれており、どの試験においてもくつろいで平和な気持ちでおります。私は神の手によってすべての私の試験にパスします。私は平和に眠り、喜びに目ざめます。」

　このような考えはすべて潜在意識に深く沈んでいって彼の一部となるので、口述試験においても筆記試験においても、すばらしい実力を発揮するのだということを私は彼に説明してやりました。

　最近の便りによると、彼は非常に好調にやっているとのことです。彼の不安は取り除かれ、彼の潜在能力と、学んだことすべてに関する記憶が解放されたのです。「静けさと自信の中にあなたの強さがあるであろう」（イザヤ書　三〇・一五）。

◆静かな心を得るための黙想

次の黙想をしばしば繰り返していますと、あなたの心からの願望が予期しなかった方法で実現されます。

「『主の家に植えつけられたものは、われらの神の庭に繁茂するであろう。』私は静かで平和です。私の心も頭も、善意と真理と美の精神で動機づけられております。私の考えは今、私の内なる神の精神の上に向けられております。このことは私の心を鎮めます。」

「創造の道は、精神が自己自身に働きかけることであることを私は知っております。私の真の自己はそれ自体の中で働き、それ自体に働きかけ、私の身体の中にも、私の関係することの中にも平和と調和と健全を作り出します。私は深い自己においては神的です。私は自分が生ける神の子であることを知っております。私は神が精神を自己観想することによって創造なされると同じように創造します。私は自分の身体がひとりでに動くものでないことを知っております。それは私の思考と情緒によって働きかけられております。」

「私が今、自分の肉体に『動かないで静かにしていなさい』と言いますと、肉体は従わなければなりません。私はこれを理解し、これが神の法則であることを知っております。私は自分の注意を物理的世界から取り去ります。私は自分の内なる神の館で祝宴を持ちます。私は調和と健康と平和について黙想しそれを楽しんで観想します。これらは私の内にある本質なる神から出てくるものです。私は平和です。私の肉体は生ける神の神殿です。『神はその聖なる神殿におわします。地上の者すべてをその神の前で沈黙せしめなさい。』」

本章の要約――記憶してください

(1) 孔子は「すぐれた人は常に静かで落着いている」と言っております。聖書は「静けさと自信の中に、あなたの強さがあるだろう」と言っております。健康、富、めざましい成功などの秘訣は、いわゆる「静かな心」を養うことにあります。神と神の法の永遠の真理を示している建設的な言葉をいくつか聖書から取ることによって、あなたの心は、呼びかけるとすぐ応答してくれる至高の精神に錠《いかり》をおろしたことになります。そしてあなたは静かなる心の富を体験します。

(2) カーライルは言っております。「沈黙は偉大なるものが自然に形成される固有の環境である」と。エマソンもこう言っております。「神々のささやきが聞こえるように沈黙しよう」と。神があなたを導いているということ、神の英知がこの日のあなたの行為すべてを支配しているということ、神は毎日、あなたを通じて考え、語り、行動しているのだということを、静かに肯定しなさい。あなたのやることすべての中に神の適切な行為があるのだと念じなさい。神の平和と愛の河が、あなたの全存在を貫流しているところを想像することによって超越的黙想を実践してください。こうしておりますと、あなたのすべての問題に対する解答が、あなたの心の深みから湧き出てくるのを受けとることでしょう。そしてあなたの人生に奇跡が起こります。このやり方を実践したある男は、既に自分の会社のために二十万ドル以上もの価値をもたらすアイデアを受けとっています。

（3）あなたの心を静かにし、注意力を動かないようにしたとき、神のみが答を知っているのだと実感しなさい。あなたが呼ぶ前にその答をあなたのより高い自己は知っているのだということを知り、その解答が出、解決がなされたことを観想しなさい。あなたの潜在意識の中には、あなたの人生を革命的に変えるような創造的な解答があることが発見されることでしょう。ある婦人は日曜日の朝のわれわれの沈黙の時間に、潜在意識から一つの考えを受け取りました。それは彼女が結婚しようとしている男は既に結婚していて、二人の子供がいることを示してくれたのです。

（4）「彼（主）が静けさを与え給う時、誰が面倒を起こすことができようか」（ヨブ記三四・二九）。他人の暗示や言葉や行為は、あなたを傷つけることはできません。創造的な力はあなたの中にあります。それはあなた自身の心の動きです。ほかの人の考えがあなたを支配するのですか、それともあなたがあなた自身の心を支配するのですか。あなたの考えが神の考えである時、神の力はよきことを考えているあなたの考えと共にあります。

（5）もし不眠の問題があったら、あなたの身体に話しかけて、くつろいで、ぐったりするよう命じなさい。あなたの身体はあなたの言うことに従います。それからゆっくりと、また静かに次のように肯定してください。「私は平和に眠り、喜びに目ざめます。」というのは主が私の面倒をみてくださるからです」と。

(6)極度の緊張と不安も、次の精神的真理を毎日三、四回肯定することによって、それを根絶することができます。「主よ、あなたはその心をあなたに停めている者を完全な平和にしておいてくださいます。なぜならば、その者はあなたを信頼しているからです」(イザヤ書　二六・三)。「静けさと自信の中にあなたの力があるであろう」(イザヤ書　三〇・一五)。「さあ今、彼を知るようになりなさい。そして平和になりなさい。そうすることによって、よきものがあなたのところにやってくるであろう」(ヨブ記　二二・二一)。「彼(主)が静けさを与え給う時、誰が面倒を起こしえようか」(ヨブ記　三四・二九)。あなたが今あげたような聖書の中の偉大なる真理について思いをこらす時、治癒力と治療力のある振動があなたの身体全体に浸透します。それからこの振動はあなたの潜在意識の中に入っていって、恐れや心配の型をすべて中和します。それから平和感と静寂感があなたを支配するのです。

(7)人の一生はその人の想像力の色によって染められます。販売成績が落ちてきていたあるセールスマンは、セールス・マネジャーから「すばらしい販売成績だね」とほめられるところを想像しました。彼はこの心の映画を毎日二回やる習慣にしました。そしてセールス・マネジャーの握手をも自然に感じ、その声も聞き、それから「すばらしい販売成績おめでとう」というセールス・マネジャーの言葉を想像の中で子守唄のように聞きながら毎晩眠りに入ったのです。繰り返すことによって彼は昇進の考えを潜在意識に植えつけられたのです。そしてついには彼はすばらしい昇進と昇給を体験したのでした。

（8）競争が起こる唯一の場所は、あなた自身の心の中です。成功の考えと失敗の考えとが競争するのです。あなたは成功するために生まれたのであって、失敗するために生まれたのではありません。あなたの内にある無限なる者は失敗することができないのです。あなたの注意力を成功の考えに向けてください。そうすればあなたの潜在意識のあらゆる力があなたを支持してくれます。あるセールス・マネジャーは昔の同級生を嫉妬していましたが、この心的態度が不安ノイローゼを起こし、自己実現を邪魔しているのだということを知りませんでした。治療法は簡単でした。彼はこの昔の級友を祝福し、繁栄させてやろうと決心し、彼のために人生のすべての祝福を祈念してやったのです。このように彼を祝福してやることを続けているうちに、嫉妬心はすっかりその力を失い、自分の不安ノイローゼも消えたのです。その上、彼は専務取締役に昇進せしめられました。以前には自分を苦しめたような昇進や成功をした男を祝福することによって、彼は自分自身をも繁栄せしめることを発見したのです。祈りは常に繁栄をもたらします。

（9）ある医学生が試験を恐れ、心配しておりました。実際のところ、彼は失敗を恐れていたのです。これはストレスを増大し、彼の頭を働かなくしました。彼は眠りに入る前にこう肯定しました。「私はくつろいでいて、平和で、落着いて、平穏で、冷静です。私はいつでもどこでも、私が知る必要のあるものすべてに対して完全なる記憶を持っております。私は神の秩序に従ってあらゆる試験に合格します。私は平和に眠り、喜びに目ざめます」と。これらの真理は彼の潜在意識の中に沈んでいき、彼は今すこぶる調子よくやっております。彼は「静けさと自信の中にあなたの力があるでしょう」（ヨブ記三〇・一五）という真理の富を発見したのです。

(10) この章の終りにある「黙想」を用いることによって、あなたも心を鎮めることの利益を体験するようになれます。

第19章　一夜にして王様のような生活を始める方法

「私がやってきたのは、彼らが生命を得るためであり、しかもより豊かにそれを得るためである」（ヨハネ　一〇・一〇）と聖書は言っております。ヨハン・ゲーテはこう言っております。「人生とは石切り山みたいなもので、そこから型を取り、ノミでけずり、人物を形成するのです」と。

あなたがこの世に生まれてきたのは、あらゆる面で充実した、楽しい、成功した、豊かな生活を送るためです。あなたはあらゆる障害に勝ち、それを征服し、克服するために生まれてきているのです。あなたが生まれてきたのは、すばらしい潜在能力を解放し、人類を祝福し、あなた自身を最高度に実現するためにほかなりません。あなたの内なる無限の知性に呼びかけてこの世におけるあなたの真の自己表現は何であるかを示してもらいなさい。そうしますと、あなたの思考する顕在意識にはっきりと明瞭に導きが示されますから、その導きに従いなさい。あなたがこの世で真の自己実現を達成した時、あなたは完全に幸福で、健康や富やその他人生のいっさいの祝福がそれに続いて起こることでしょう。

すばらしい栄光に満ちた生活をおくる技術にあなたが成功して繁栄するか否かは、あなたの習慣的な考え方と、あなたの人生をてっぺんから足もとまですっかり変えようという心からなる欲求を持っているかどうかによって決まります。あなたのビジョンのあるところに、あなたは行くのだということを忘れないでください。そしてあなたのビジョンとは、あなたがいろいろ考えている正にそのことなのであり、あなたの注意が向けられている場所なのであり、あなたが現在注意の焦点をあてているその対象のことなのです。あなたが注意を向けることは何でも、あなたの潜在意識はそれを極度に拡大してあなたの人生に実現するのです。

なくしたと思った四万五千ドルを発見した女性の話

この章を書いているとちょうどニューヨークの女性から長距離電話が入って仕事が中断されました。この女性は前にお金をなくしたのですが、私の忠告に従ったところ潜在意識がそのお金のありかを彼女に示してくれたということを知らせてくれたのです。

数ヵ月前、ずいぶんギャンブル好きだった彼女の夫がなくなったのですが、彼が死ぬ前、その日のレースの賞金四万五千ドルを大丈夫なように自分の机の引出しに入れてあると彼女に言い残していたのでした。夫が死んだあとで彼女は机の錠をあけ、引出し全部をさがし、その中にある書類や手紙も全部調べてみたのですが、そのお金は見つかりませんでした。

彼女から最初の電話を受けた時、私は次のようにすることをすすめたのです。「くつろぎなさい。完全に力を抜きなさい。注意力をあちこちに向けないようにしなさい。そして眠りにはいる直前に、自分の要求を潜在意識に引き渡しなさい。その時、『私の潜在意識の中にある無限の知性は、例の四万五千ドルがどこに隠されているかを正確に知っております。それは今、私に示されるのです。私は解答を得たことに対して感謝を捧げます』と唱えなさい」と。

上に述べたテクニックを使い出してから三日目の晩です。彼女の死んだ夫が彼女の夢の中に現われて、秘密の引出しのありかを正確に示し、あるボタンを押すとそれが開くことを教えてくれたのです。彼女はすぐ目をさましました。そして夢の中の指示は全く正しかったことがわかったのです。彼女が喜びかつ満足したことには、二十ドル札できれいに束ねて四万五千ドルあったのです。夢の中に彼女の夫が心霊的に現われたというのは、潜在意識が劇的に仕組んだだけの話です。潜在意識のほうでは、指示を与えれば彼女は直ちにそれに従うであろうということ、そしてやくたいもない夢にすぎないなどとは思わないだろうということを知っていたのです。あなたの潜在意識の富は実際その現われ方の種類が無限です。

黙想が示した隠された富

数ヵ月前、ある青年が私のところにやってきて言いました。「私は不適応者です。私は丸い穴に打ち込まれた四角な釘みたいなものです。私は排斥され、誰からも必要とされないように感じます」と。私はこの青年に次のように説明してやりました。「君の潜在意識の中には無尽蔵の富の倉庫があるんだよ。君も他の誰とかでも同じようにその戸を開いて、自分の必要とするだけの知恵や力や創造的アイデアを取り出すことができるのです。更に君に指摘してあげたいことは、どんな人でもユニークな存在であること、また法と秩序の支配する宇宙には、不適応者などというものはないこと、また、一本の木に同じ葉は二枚もなく、同じ結晶も二片ないように、同じ人間も二人とはいないということだよ。かの無限なる者は絶対に自己反覆しないのです。というのは、無限なる分化が生命の法則なんだからね。また誰にも必要とされない男とか女などというのもいません。エマソンも『私は神の器官であり、神はあるがままの私を必要とし給うのだ。さもなければ私はここにいないだろう』と言っております」と。

この簡単な説明はこの青年の気に入りました。それで彼は次のような簡単な祈りのテクニックを用いる決心をしました。「無限の知性は私のかくれた才能を啓示して私の行くべき道を指し示してくださいます。無限の知性は私を通じて自己表現を求めているのです。それで私は自分のところにやって来た導きに従います。電球が電気の現われ方の焦点であるというのと同じ意味において、私は無限の生命の焦点です。無限の生命はあらゆる面において、調和、健康、平和、喜び、成長、発展として私を貫流しています。今もう既に私に与えられた解答に対して感謝致します。」

数日後、彼は話し方のコースと、応用販売術のコースを研修したいという深い欲求を感じました。数ヵ月の研修を受けた後、彼はある製造会社の販売代理業の地位を得ました。そして卓越したセールスマンであることを証明し、彼の会社の宝と見られております。

今すぐ富と幸福を受け入れなさい

今、今こそその時です。私が話しかける人の中には、もっとよい時を絶えず望んでいる人がたくさんおります。いつか自分は幸福で、繁栄し、成功するだろうと言っている人がたくさんおります。子供が大きくなって結婚するのを待っている人もおります。そうしたらヨーロッパやアジアに旅行して、いろいろの珍しい、遠方の土地を見るつもりだと言っているのです。私が会って話しする人の中には、自分の家の老人たちが死ぬのを待っているんだという人が少数ながらおります。そうしたら何をやるかを決めるんだ、と言っているのです。

こういう人たちはすべて何かが起こるのを待っているのであり、神とは永遠の今であって、自分たちのよきものも今、この瞬間に念じてもらうのを待っているのだということを悟っていないのです。これまで本書の中で示してきたように、あなたは今、充実した、繁栄した生活を指揮するのです。

ある男は、「いつか幸運にめぐり会って、この世で一旗《ひとはた》あげてやるぞ」と言いました。その男の妻は「いつか皮膚の湿疹を治したいと思っています」と言いました。私はこの二人に次のように説明してやりました。「神の力はすべてあなたがた一人一人の中にあるのです。平和は現在です。あなたは神の平和の河が今、あなたを貫流するよう念ずることができます。無限の治癒する力ある精神は常に利用可能です。あなたはこの治癒する力ある精神が今あなたを貫流し、あなたを健康にし、清らかにし、完全にするよう念ずることができるのです」と。

この夫妻にも、富と治癒が今すぐ手にはいることがだんだんわかってきました。この男の奥さんのほうは、朝夕次のように肯定しはじめました。「神の治癒する精神は私の全存在を飽和させており、神の愛が私の全存在を貫いて流れております。私の皮膚は神の愛の封筒であり、それはしみもなくよごれもなく健全で、清らかで、完全です。」

一週間もたたないうちに彼女は、無限の治癒はただちに自分にも利用できることを、自分で証明しました。そして彼女は完全に治ったのです。

私は彼女の夫のほうに、富は今すぐ利用できるのであって、それは心の中の思考イメージであることを説明してやりました。彼は大胆に次のことを肯定し始めました。「神の富は今私の中を循環しております。私はこの考えを私の潜在意識の中に刻みこんでおります。そして潜在意識に刻みこまれたことは何でも起こるのだということを知っています。私がこれを続けていますと、潜在意識からの反応は強制的であるから、私はどうしても富を表現せざるをえなくなるのだということを実感しております」と。

彼が今述べたような方法で祈り続けているうちに、新しい創造的なアイデアが彼の中に湧き上がってきました。彼は外国と国内の産金株に非常に多額の投資をしたのです。そして数ヵ月のうちにちょっとした一財産を獲得しました。彼はこれらの株を買えという圧倒的な感じ、どうしても頭から離れない一種の直感的な衝動を持ったのです。これらの株は全部、すぐに大幅な値上がりをしたのでした。彼は富が今すぐに手に入ることを自分に証明して見せたのです。

あなたの精神的・物質的富を今すぐ念じなさい

力は、今あるのです。あなたの内にある神の無限の力に呼びかけてください。そうすれば、この力は応答し、あなたの全存在に今、精力と活力を吹きこみ、それを新しいものにしてくれるのです。愛は今あります。神の愛があなたの心と身体を包み、飽和状態にしてくれるのだと念じなさい。神の愛があなたの中に浸透していって、あなたの人生のすべての面に表現されるのだということを実感し、悟ってください。導きは今あります。無限の知性があなたの呼ぶのに応えてくれます。それは答だけを知っているのです。そしてそれを今あなたに示してくれるのです。あなたのよきものを今すぐ念じてください。あなたは何かを無から作り出すのではありません。あなたがやることは、ただ、いつもあって、今もあり、これからも永久にあるものに表現の形を与えるだけのことです。

モーゼもキリストも、ラウド・スピーカーや、ラジオやテレビを使おうとすれば使えたことでしょう。こういった機械が作られるアイデアや原理は、かの無限なる者の心の中に常に存在していたのです。プラトンが神的精神の原型について言及した時、彼は宇宙の中のすべての被造物は、その背後において神的精神の中にアイデアあるいは原型を持つという事実を言ったのです。

豊かな未来を今計画しなさい

あなたが未来に何かを計画しているのなら、あなたはそれを今すぐ計画するのだということを忘れないでください。もしあなたが未来の心配をしているとするならば、あなたはそれを今恐れているわけです。たとえば、あなたが過去の思いにふけっているならば、あなたはそれを今考えているのです。あなたは自分の現在の考えはどうにでもできます。あなたが変えなければならないのは、あなたの現在の考えであり、それを変えたらその変えたままにしておけばよいのです。あなたは自分の現在の考えを意識しております。そしてあなたが実感できることは、平生自分が考えていることが現時点で実現したことだけなのです。

あなたを狙う二人の泥棒に警戒しなさい

「過去」と「未来」がその二人の大泥棒です。過去の間違いや心の傷について後悔したり自己をせめたりすることにふけっているならば、あなたが経験する心の苦しみは、あなたの現在の考えによって苦しめられているわけです。もしあなたが未来に関して恐れているならば、あなたは今、自分から喜びと幸福と心の平和を奪っていることになります。あなたの受けている祝福を今数え始めてください。

過去の幸福で楽しいエピソードを思い出すことは現在の楽しみです。過去の出来事の結果はよかれあしかれ、あなたの現在の考えを現わしているにすぎないのだということを忘れないでください。あなたの現在の考えを正しい水路に向けてください。平和、調和、喜び、愛、繁栄、善意などの考えをあなたの心の王座につけてください。意識的に、また頻繁にこれらのことをゆっくり考えてください。そして、それを念じ、他のすべてのことを忘れてください。

「最後に兄弟たちよ、すべての真なること、すべての気高いこと、すべての正しいこと、すべてのけがれないこと、すべての愛すべきこと、すべてのほまれあること、すべての徳、すべての賞賛に値すること、これらのことを考えなさい」（ピリピ書　四・八）。

この精神的な薬を、規則的、また法則的に服用してください。そうすればあなたは光栄ある未来を打ち建てることができます。

大きく考えて欲しいものを手に入れたメイドさん

私はこの章をホノルルで書いております。海岸にあるサーフライダー・ホテルの私の部屋の係をしているハワイ人のメイドさんと非常に面白い話をしました。私は彼女に何冊かの本を読むようにと与えてやったのですが、彼女の言うことには、数ヵ月前にこのホテルに宿泊したお客さんから、私の著書である『あなたも金持になれる』（産業能率大学出版部刊）をもらったというのです。彼女はこの本を熱心に読んで、そこに書いてあるお金持ちになるテクニックを応用したのでした。

彼女は更に言葉を次いでこう言いました。「その本をよく読んでから、私は大きく考えはじめました。そして自分で次のような肯定の文章を作りました。『私は今、素敵な車を所有しておりますが、これは神の精神の中にある神のアイデアです。私は毎日、この車に乗って仕事に通います。その支払いはすっかり済んでおります。そして私はそれを今、私の心の中で受け入れます。』私はこのことをしばしば肯定し、楽しい気持ちでそれを期待していたのですが、その後ふと、あるお客さんに、自分が自動車が欲しくてお祈りしていることを言いました。このお客さんは億万長者だったのですが、この人は私にさりげなく、『僕の車をあげよう。僕は今日新しいのを買うところだから』と言ったのです。この方の車は二年前にできたキャデラックでどこ一ついたんでいませんでした。」

彼女は更に言いました。「私は欲しいと祈ったものを手に入れたのです。それは完全な贈物であって、何の条件もついていないのです。それで私は今、無限の知性が私と完全に調和する男性を私に引きつけてくれるよう祈っているところなのです。私はこの願いも実現することを知っています」と。彼女が自分が欲する解答を得るだろうということは疑いもありません。というのは「大きく」考え、また、自分が要求する前に、その答は既に潜在意識の中に知られているのだということを、このメイドさんは知っているからです。

昇進とすばらしい昇給を獲得した若手幹部社員

ある時、若手の幹部社員が私に向かって、昇進したいと思って懸命に努力していると言いました。しかし、彼は「他の連中が私より先に昇進している」とか、「私は待たなければならないだろう」とか、「私には優先権がない」とかいう言葉を付け加えました。私は率直に彼に向かってこう言ってあげました。「あなたを昇進させるのはあなたです。あなたはおそらく数年間も待たなければならないだろうなどと言っておられるが、このような信念みたいな、あなた自身の心にある障壁や邪魔物をまず第一に取り除かなければなりません」と。

彼は自分の潜在意識に昇進という考えを植えつけることを決心し、周囲の事情だとか状況だとか時間の要素などには全然考慮を払わず、また誰かに昇進させてもらうことを頼みもせず、自分の内なる無限の知性に自分の持つすべての忠誠心、忠義心、帰依心を捧げることにしたのです。それから彼はゆっくりと、静かに感情をこめて、一日数回次のように肯定したのです。「昇進は今や私のものです。収入増大は今や私のものです。ずばぬけた成功は今や私のものです。これらの考えは潜在意識に沈んでゆきます。そして私の潜在意識は私に否応なしにそれを実現せざるをえなくすることを知っています。」

数週間経ってみたところ、彼は突然自分の心に抱いていた目標を実現し、地位も高まり、収入もすばらしく増加したのです。

心にひそんでいた富を発見した未亡人

私は最近、ある未亡人と会いました。彼女が言うところでは、この四年間というもの、夫となるべき人にめぐり会うように祈っていたのですが、まだ適当な人に恵まれないでいるとのことでした。話しているうちに私は、彼女が次のようなことを言っているので、自分の福運を絶えず延期しているのだということを発見しました。彼女の言いぐせというのは、「私は隠退してから結婚したいわ。そうすれば世界の各地に旅行できて、自由に夫と人生が楽しめるんですもの」とか、「私にちょうど合った男性には会えないでしょうよ」とかいう言葉でした。

この未亡人は未来に結婚を投影して、自分自身の目的を挫折させていたのです。彼女は無意識的に、自分自身の心の中に障害物や遅延の原因を置いていたのです。私は彼女に常に今の時点に祈らなければならないことを説明しました。そしてまた、われわれが何かを体験する前には、まず最初に心の中で念じなければならないことを何より早く悟って、時間の壁を崩すことだということを教えてあげました。私は更に、彼女は立派な、理想的な人と心の中で結婚するのであるということを説明してやりました。

私のすすめに従って、彼女はしばしば次のように祈りました。「私は今、自分と完全に調和している、すばらしい、精神性の深い男性と幸福に結婚しております。私たち二人の間には相互の愛と、自由と、尊敬があります。私はこの男性を今この瞬間に、私の心の中で受け入れます。そして私は心の深いところにある流れが、神の秩序に従ってわれわれ二人を結びつけてくれるということを知っております」と。

彼女はこの祈りを毎晩、約一週間実践しました。そして既に結婚しているとしたら、自分のものであるだろう感情と喜びの中に入って行きました。一週間経ちますと、学校の先生の一人が彼女にプロポーズをしました。そして私は後にその結婚式の司祭をさせていただきました。心からの願いは延期することなしに実現できるのだということを、彼女は自分に証明してみせたのでした。彼女の潜在意識は、見えざる結婚の仲介業者となってくれたわけです。

富と昇進を確保した男

最近ある男が私を訪ねてきましたが、話し合っているうち、彼は自分の不運の数々をくどくど並べ立てました。そして最後に、神様は自分を、不運をもって「罰っしているのだ」などと言って神をせめました。しかし私は彼に、宇宙は常に法と秩序の宇宙であって、神はまずもって普遍的原理、あるいは普遍的法則であることを説明してやりました。人が法を破れば、その人は後で苦しむのです。それは腹を立てた神の下す罰という問題ではないのです。それどころか、それは原因と結果という一般的問題なのです。もしある人がたとえば心の法則を悪用すれば、その反応は否定的なものになります。しかしその法則を正しく用いるならば、それはあらゆる面においてその人を助け、癒し、繁栄させてくれるのです。

私はその男に神的生命が自由に流れこむ水路になる方法を教えてやり、次の祈念黙想法を頻繁に用いるようにと言いました。「私はかの神的なるものを流入させるために邪魔物なく開いている水路です。そして永遠の生命は、健康、平和、豊富、安全、適切な行為として私を通ってふんだんに、また楽しげに流れて行きます。私は神の秩序に従ってすべての私の作るものの販売を促進します。そして絶えず新しい創造的なアイデアを放出します。私は絶え間なく精神的にまた経済的に発展しており、私の内に封じこめられた輝きを解き放ちます。」

この男はここ半年の間に二度も昇進を受けました。そして彼の会社は専務取締役の地位を彼に提供したと私に語りました。そして愉快そうにこう付け加えました。「私は自分のよきものを妨害することをやめたんです。私は話し方でもゆったりとしてきております。そして生命の満々たる流れはふんだんに私の人生の中に流れこんできているのです」と。

この人はかの無限なる者の富を引き出す方法を習得したのです。更に彼は自分の消極的な心の重さで、生命のパイプ・ラインを圧迫することをやめたのです。シェイクスピアも「心の準備さえできているならば、万事が準備完了だ」と言っています。あなたの場合もそのようでありますように。

◆より豊かな生活と経済的成功に至る奇跡力を得るための黙想

できるだけ頻繁に次の黙想を用いますと、大きな配当を受けとるでしょう。

「『私は父の仕事をなしに来たのだということをあなたがたは知らない。』私は自分の仕事、職業、活動が神の仕事であることを知っております。神の仕事は常に根本的には成功するのです。私は毎日、英知においても理解力においても成長しております。神の豊富の法則が常に私のために、また、私を通じて、また、私のまわりに働いているという事実を私は知り、信じ、かつ受け入れます。」

「私の仕事や職業は適切な行為と適切な表現で満ちております。私が必要とするアイデア、お金、品物、契約は今もいつも私のものです。これらのものはすべて、普遍的牽引の法則によって、否応なしに私のところに引きつけられるのです。神は私の仕事の生命です。私はあらゆる面において神の手によって導かれ、その霊感を受けます。私は毎日、成長し、発展し、進歩するためのすばらしい機会を提供されます。私は善意を築いております。私は大なる成功者です。というのは、他人にやってもらいたいと自分が思うようなやり方で、他人と仕事をするからです。」

本章の要約――記憶してください

（1）あなたがこの世に生まれたのは、豊かな人生、つまり愛と平和と喜びと豊かな暮しに満ちた人生を送るためなのです。あなたの内にある宝庫の宝を、今解き放すことを始めてください。

（2）あなたは自分のビジョンのあるところに行くのです。あなたが注意を向けるものは何でも、あなたの潜在意識が拡大し増大してあなたに経験させてくれます。

（3）あなたの潜在意識の中にある知性は、すべての問題に対する解答を知っております。ある女性は、亡くなった夫が家のどこかにしまっておいた四万五千ドルのありかを知りたいと思いました。彼女はその要求を眠りにつく前に潜在意識に引き渡したのです。すると彼女の潜在意識はそのお金のありかを正確に彼女に示してくれたのです。

（4）法と秩序の支配する宇宙の中に、不必要な人間というようなものはありません。どの人もユニークでそれぞれ異なった素質をもって生まれているのです。あなたは神の器官であって、神はあるがままのあなたを必要としているのだということを念じなさい。もしそうでないとしたら、あなたがここにこうしているわけはないのです。無限の知性があなたを導いて真の自己実現に至らしめてくれるのだということを実感してください。そうすればあなたは前進し、向上します。

（5）あなたの富と、健康と、成功を、今、受け入れてください。先に延ばすのをおやめなさい。神は永遠なる今です！　これはあなたのよきものが今あるという意味です。平和を今、念じなさい。神の愛があなたの魂を今、この瞬間に満たすことを念じなさい。富とはあなたの心の中にある思考イメージです。神の富は今、あなたの人生を循環しているのだと念じなさい。あなたが習慣的にこう念じておりますと、あなたの潜在意識は否応なしにあなたに富を実現させるのです。

(6)あなたのよきものすべてを今、念じてください。あなたは実際には何も創造はしないのだということを忘れないでください。あなたのやることは、常にあって、今もあり、これからも常にあるものに形と表現を与えることだけなのです。モーゼもキリストも、ラジオやテレビや、その他の近代的伝達の方法を用いることができたでしょう。これらの背後にあるアイデアや原理はかの無限なる者の心の中に常に存在していたのですから。

(7)豊かで栄光ある未来を今計画してください。あなたが将来何かを計画しているとしても、あなたはそれを今やっているのです。あなたが過去について考えているにしても、あなたはそれについて今考えているのです。あなたは今の瞬間を支配できます。あなたの現在の思考形式を変えて、健康と富と成功に合わせてください。そうすればあなたの未来は確実です。あなたの未来とは、とりもなおさず、あなたの現在の思考様式が外に現われたもののことなのです。

(8)二人の泥棒に注意してください。過去の失敗についての悔恨にふけったり、未来についてあれこれ心配するようでしたら、これこそあなたの活力と判断力と心の平和を奪う二人の泥棒なのですから、警戒しなければなりません。

(9)大きく考えてください。そうすればあなたは大きなことを体験するでしょう。あるメイドさんはこう肯定しました。「私は今素敵な車を持っておりますが、これは神のアイデアです。私はその車にのって仕事に通います。その払いはすっかり済んでおります。そして私はその車を今受け入れます」と。彼女はすばらしい車の贈物を受けました。彼女の潜在意識はこのように応答してくれたのです。

(10)「昇進や昇給をするためには何年も待たなければならない」などと、心の中でけっして思ってはなりません。けっして先に延ばしてはなりません。それはあなたのよきものを阻むことになるからです。あなたは常に今の時点で祈るのです。あなたの潜在意識はあなたの言うことを文字どおりに受け取るのです。ですからあなたが「待たなければならないだろう」と言えば、それは自分で自分のよきものを阻んでいることになるのです。昇進と富を今すぐ念じてください。

(11)あなたが結婚することを望んでいらっしゃるのなら、「私は退職したら結婚したいわ」などとけっして言ってはいけません。あなたは結婚を未来に投映して、自分自身の目的を挫いていることになるのです。「私は今、完全に自分と調和するすばらしい男性と幸福に結婚しています」と念じてください。そうすればあなたの潜在意識はそれに応じて答えてくれるのです。

(12)神、すなわち生命の原理はけっして罰することはありません。人間は心の法則を誤用して自分を自分で罰しているのです。よきことを考えなさい。そうすればよきことが起こります。否定的なことを考えれば否定的なことが起こります。頻繁に次の祈りを用いてください。「私は神的な限りなき生命のための、邪魔物のない開いた水路であり、この神的な限りない生命は、調和、健康、平和、喜び、豊富、安全という形で私を通してふんだんに流れます。」神にとっては、あなたの人生の中にこれらすべてのことを実現することも、一本の草の葉を生じさせるのと同じようにやさしいことなのだということを忘れないでください。心を開いて、あなたのよきものを受け入れる態勢になってください。そうすれば「心の準備さえできているならば、万事が準備完了だ」（シェイクスピア）ということを発見なさるでしょう。

（13）より豊かな生活と経済的成功に至る奇跡的な歩みを進める際に、この章の終りにある「黙想」を、あなたの誤ることのないガイドとして用いてください。

第20章　無限の富を得るための生涯計画

◆静かな心

私の中には神が住んでおります。神はやすらぎです。このやすらぎはその腕の中に私をしっかり抱擁してくれます。このやすらぎの底には深い安全感、活力感、強健感があります。私が今味わっているこの内なる平和感は、神の静かな瞑想する精神なのです。愛情深い母親が眠っている子供を見守るように、神の愛と光が私を見守ってくれます。私の心の深みに聖なる精神があり、これが私のやすらぎ、私の力、私の供給源なのです。

すべての恐れは消えました。私はすべての人の中に神を見ます。私は神がすべてのものの中に現われているのを見ます。私は神の精神の道具です。私は今、この内なるやすらぎを解き放ちます。

それは私の全存在を通って流れて行き、すべての問題を解放し解消します。これは理解を超えた平和です。

◆私の心の平静さのために

「あなたの精神を離れて、私はどこに行くというのでしょうか。また、あなたの精神から私はどこに逃げようというのでしょうか。私が天に登ったとしても、あなたはそこにいらっしゃいます。私が地獄を棲み家としても、何とあなたはそこにいらっしゃるのです。私が翼をはばたかせて、海の果てに住んだとしても、そこにおいてもあなたの手は私を導き、あなたの右手は私をつかまえるのです。」

私は今、私的な洸惚感にひたっております。というのは、私は神の精神の中にいるからです。私は全能、英知、荘厳、愛の、そのものなる者の精神の中にいるのです。

神の光が私の知性を照らしてくれます。私の心は平静と均衡と平衡に満ちております。あらゆるものに対する完全なる精神的適応があります。私は自分自身の考えとしっくりいっております。

私は自分の仕事を喜んでおります。仕事は私に喜びと幸せを与えてくれます。私は絶えず神の貯蔵庫に頼ります。というのはそれは唯一の存在であり、唯一の力だからです。私の心は神の心です。私の心はやすらかです。

◆日常生活に平和と調和を得るために

私は世界にあるものはすべて平和であり調和です。というのは私の内なる神は「平和の主」だからです。私は働き給う神の意識であります。私は常にやすらかな気持ちでおります。私の心は平静で、平穏で冷静です。私を取り囲む平和と善意の雰囲気の中で、私は深い、ゆらぐことのない力と、すべての恐れからの自由を感じます。私は今、かの聖なる精神の愛と美を知覚し感じております。私は日毎にますます神の愛を自覚してきております。虚偽なるものはすべて崩れ去ります。私は神がすべての人々の中に人格化されているのを見ます。この内なる平和感が私を貫流するようにすると、すべての問題が解決されることを私は知っております。私は神の中に住んでおります。したがって永遠のやすらぎの腕に抱かれて私は憩うのです。私の生命は神の生命です。私のやすらぎは、深く変わることのない神のやすらぎです。「それは神のやすらぎであって、すべての理解を超えたものです。」

◆私の感情を制御するために

恐れや嫉妬や反感というような消極的な考えが私の心に入りこんできた時には、私はそれを神の考えで置き換えます。私の考えは神の考えです。そして神の力はよきものについて考えられる私の考えと共にあります。私は自分の考えと感情を完全に支配していることを知っています。私は神的なるもののための水路なのです。私は今、すべての私の考えと感情を調和的、建設的な方向に向けなおします。「神の子らは喜びの叫び声をあげた。」私は今、やすらぎ、調和、善意といった神の考えを喜んで受け入れます。そして喜んでそれを表現します。これは私の内にあるものすべての不協和を癒します。神の考えのみが私の心に入ってきて、私に調和と健康と平和をもたらしてくれるのです。

神は愛です。完全なる愛は恐れや反感やすべての否定的な状態を投げ捨てます。私は今や真理と恋におちます。私は自分のために願うことをすべての人に願います。私はすべての人に向かって愛と平和と善意を放射します。私はやすらぎを得ております。

◆あらゆる種類の恐れを克服するために

「完全なる愛は恐れを投げ捨てる」のですから、恐れはありません。今日、愛は私の関係する世界のすべての面で、私を完全に調和と平和の状態にしておいてくれることを私は邪魔しません。私の考えは愛情深く、親切で調和的です。私は自分が神と一体であることを感じます。なんとならば「私は彼の中に生き、動き、わが存在を持つ」からです。

私は自分のすべての欲求が完全な秩序に従って実現されることを知っています。私の内なる神の法則が私の理想を実現してくれると信頼します。「父なる神はその仕事をなし給う。」私は神的であり、精神的であり、喜びに満ち、絶対的に恐れを知りません。私は今、神の完全なる平和に取り囲まれているのです。それは「神のやすらぎであって、あらゆる理解を超えたもの」です。私は今、私の注意のすべてを、私が欲する物の上に置きます。私はこの欲求を愛し、それに対して、私の心からの注意を向けます。

私の心は自信とやすらぎの気分に高められております。これこそ私の内で働いている神の精神です。これは私に平和感と安全感と安静感を与えてくれます。ほんとうに「完全なる愛は恐れを投げ捨てる」のです。

◆いかなる状況においても焦立ちを克服することができるために

「怒るに遅き者は理解力の大なる者であるが、短気な者は愚行をたたえているのである。」私は常に平静で平穏で冷静です。神の平和が私の心と全存在を満たします。私は黄金律（訳者注・キリストの山上の垂訓の一節、「人にやってもらいたいと思うことは、人にもそのようにやりなさい」マタイ伝　七・一二）を実践し、心からすべての人に対して平和と善意を祈ります。

よきものすべてに対する愛が私の心に浸透してあらゆる恐れを投げ捨てることを私は知っております。私は今、最善のものを楽しく期待して生きております。私の心はあらゆる心配や疑惑から自由です。私の真理の言葉は今、私の内にあるあらゆる否定的な考えや感情を解消します。私はあらゆる人を許します。私は心の戸口を神の精神に開きます。私の全存在は内からの光と理解で溢れんばかりです。

人生のつまらないことはもはや私を焦立たせません。恐れや心配や疑念が私の戸口を叩く時善きもの、真なるもの、美なるものに対する信念が戸口を開きます。するとそこには誰もいないのです。おお神よ、あなたは私の神です。あなたのほかは誰もいないのです。

◆いかなる状況においても静けさを見出すために

「至高なる者の秘めたる場所に住む者は、全能なる者の陰に住むことになろう。」

私は至高なる者の秘めたる場所に住みます。これは私自身の心です。私の抱くすべての考えは、調和、平和、善意に合致します。私の心は幸福と、喜びと、深い安全感の棲み家です。私の心にはいるすべての考えは、私の喜びと、やすらぎと、みんなの幸せに貢献してくれます。私は友好、愛情、一致の雰囲気の中で生き、働き、自分の存在を維持します。

私の心の中に住むすべての人は、神の子です。私の家族のみんなと、また人類すべてと私は心の中で友好関係にあります。私のために願うよきものと同じものを、すべての人のために願います。私は今、神の家に住んでおります。私はやすらぎと幸福を念じます。というのは私は永遠に主の家に住むことを知っているからです。

◆賢明で頭のよい決断をするための平衡心を作るために

「その心をあなたにとどめている者を、あなたは完全なるやすらぎの中に置いてくださいます。というのは、その者はあなたを信頼しているからです。」私の心の内なる欲求は、私の内なる神から来るものであることを私は知っております。神は私が幸福であることをお望みになります。私のために神が意図されることは、生命であり、愛であり、真理であり、美であります。私は今、心の中で私のよきものを受け入れ、神的なるもののための完全なる水路となります。

私は歌いながら神の精神に入っていきます。私はほめたたえながら、神の館《やかた》に入って行きます。私は喜びに満ち、幸福です。私は静かに落ち着いております。

静かな小声が私の耳もとにささやいて、私に完全な解答を示してくれます。私は神の表現です。私は常に私のいるべきところにいて、私のしたいことをしております。私は人間の意見を真理として受け入れることを拒絶します。私は今や心を内にむけて、神的なるもののリズムを感じ取ります。私は神のメロデーがその愛のメッセージを私にささやくのを聞きます。

私の心は神の心です。そして私は常に神の英知と、神の知性を反映します。私の頭脳は、賢明に、また精神的に考える能力を象徴しております。神のアイデアは完全な順序を追って私の心の中で展開してゆきます。私は常に平静で、平衡がとれ、平静で、冷静です。というのは、神は常に、すべての私の必要に対して完全なる解決を私に示してくださるのだ、ということを私は知っているからです。

◆より豊かな生活に対するあらゆる邪魔物に打ち勝つために

私は今、すべてのものを手放します。私はやすらぎと、調和と喜びを実感することに入ってゆきます。神はすべてであり、すべてを越え、すべてを貫き、すべての中のすべてです。私は勝利者の人生をおくります。

というのは、神の愛が私を導き、指導し、支え、癒してくださることを、私は知っているからです。神のけがれなき精神は私のまん中にあります。それは今、私の身体の中のすべての原子の中に表現されております。

私の心からなる願望の実現に対しては、何の遅延《ちえん》も、何の邪魔も、何の障害もありえません。神の全能なる力は今、私のために動いております。「何人もその手をとどめて、『お前は何をなすのか』とそれに向かって言うことはないであろう。」私は自分の欲しいものを知っております。私の願望は明快にして明確です。私はそれを完全に私の心の中に受け入れます。私は最後まで心がわりしません。私の祈りは答えられているという静かな内なる認識の中に私は入っております。そして私の心はやすらかです。

《著者・訳者紹介》

《著者》

ジョセフ・マーフィー（Joseph Murphy）

アメリカのカリフォルニア州ディバイン・サイエンス教会の牧師で、著述家・教育者として有名であるが、特に精神法則の講演者として世界的に知られる。特に潜在意識の活用については有名で、多くの著書があり、日本語訳も多数ある。（1981年12月ラグラーヒルの自宅で逝去）

《訳者》

大島淳一（おおしま　じゅんいち）

1930年生まれ。独、英、米に学ぶ。文学博士。文学および歴史評論で活躍。本書のマーフィー理論を知ったのは、青年時代、ロンドン留学中のこと。この理論は、青年のカウンセリングに用いられて、絶大なる効果を上げている。

新装第二版　眠りながら巨富を得る　〈検印廃止〉

著　者　ジョセフ・マーフィー

訳　者　大島淳一

発行者　坂本清隆

発行所　産業能率大学出版部

東京都世田谷区等々力6-39-15　〒158-8630

（電話）03（6432）2536

（FAX）03（6432）2537

（振替口座）00100-2-112912

1973年5月25日　初版発行

2008年5月31日　新装版初版発行

2021年1月31日　新装版8刷発行

2024年4月20日　新装第2版1刷発行

印刷所／渡辺印刷　製本所／協栄製本

（落丁・乱丁本はお取り替えいたします）　ISBN978-4-382-15849-8

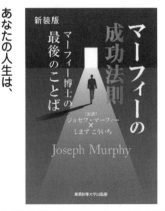

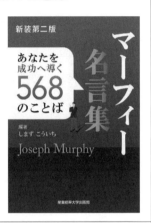